GEKKOSO

P1 ✱入り口の赤い扉は、4色の塗料を調合したオリジナル色。赤と金文字の組み合わせは、月光荘おじさんのお気に入り。

P2〜3 ✱絵の具各色にそれぞれ一編の詩が詠まれている。色はもちろん、月光荘は言葉や音も大切にしてきた。

P4 ✱月光荘に送られてきたハガキや手紙のコラージュ壁面。創作のヒントやイメージのきっかけに眺めている人も多い。

月のはなれには「お絵描きセット」というメニューがあり、500円で小さなスケッチブックと水彩絵の具セットが貸し出され、一杯飲みながらお絵描きに興じることができる。スケッチブックはそのまま持ち帰り可能。

画材店の地下に設置されているポスト。店内で月光荘の画材を使って自由に絵手紙を描くことができ、店内ポストに投函すると月光荘オリジナルのスタンプが押され、月光荘から出された手紙であることが分かるようになっている。

月光荘サロン・月のはなれ。毎晩20時からスタートする生演奏や、2週間ごとに更新される現代作家の壁面展示、また東京では珍しいクレオール料理の専門店としても話題を呼んでいる。

創業当初の月光荘。フランス人女性が働いていた。まだ自家製の絵の具は完成しておらず、窓に書かれた文字に、フランスから輸入された絵の具のブランド名が確認できる。

昭和50年代の月光荘。大谷石のエントランスで、入り口には大きな鳥かごがぶら下げてあり、カケスを飼っていた。半地下に画材店、地下はサロン、階上はギャラリーとして使用。店の奥にはいつも月光荘おじさんの姿があった。

無骨で頑固な職人気質の反面、人に対するどこまでも優しい目線があり、そんな月光荘おじさんを訪ねて年齢、性別、職業を問わず、日本全国、世界各国から様々な人たちがお店にやってきた。

# 人生で大切なことは月光荘おじさんから学んだ

銀座で創業100年の画材店

月光荘

題字・絵（P17～32）　牧野伊三夫

## はじめに

画材屋なのにトレードマークがホルン。お店にならぶすべての商品がオリジナル。

効率的で在庫を持たないビジネスがもてはやされる現代において、手作りの職人仕事と品質の良さに徹底的にこだわる愚直な姿勢。１００年の歴史において数奇な運命をたどりながら、今日もこのお店には開店と同時に老若男女が集い、活気溢れる店内ではいつも芸術の話に花が咲いています。

店の名を月光荘といいます。

この本を手に取ってくださった方の中にも、表紙の色鮮やかなスケッチブックや機能的なキャンバスバッグを愛用している人がいるかもしれません。こぢんまりとしたお店の佇まいとは裏腹に、月光荘の歩んできた足跡は、実はそのまま昭和の日本洋画壇の歴史に重なります。

大正6年創業。国費を投じた研究所に先駆けて、1940年に自家炉にてコバルト・ブルーの製法を発見。純国産の顔料から作る第一号の油絵の具を開発。1971年には新色コバルト・バイオレット・ピンクを発見し、「フランス以外の国で生まれた奇跡」という見出しで、ルモンド紙に賞賛の記事が載りました。

猪熊弦一郎、藤田嗣治、梅原龍三郎、中川一政、宮本三郎など月光荘を愛した洋画家たちは数知れず、今でもJR上野駅の中央改札にある猪熊弦一郎の壁画に、その絵の具の輝きを見ることができます。
燦然と輝く歴史がありながら、創業者は生前、店名の名付け親であり大恩人である与謝野晶子との約束をかたくなに守って、個人に光が当ることをよしとせず、芸術家を支える月の光としてただただ一途に絵の具屋の主人としての人生を全うしました。

創業100周年を迎えた節目の2017年に、初めてこの店の創業者にライトをあてて、芸術家と共に歩んだその一生を皆さまと共にたどってみたいと思います。

明治、大正、昭和を駆け抜けた生涯のどこかに、貴方の人生をより美しく、より力強く生き抜くヒントが隠されていることを願って。

もくじ

はじめに――11

月光荘おじさんを知っていますか――17
牧野伊三夫✸絵

人生で大切なことは月光荘おじさんから学んだ――33
水野スウ✸文
立原えりか✸文

「月光荘しんぶん」から学びとるおじさんの教え――81
橋本兵蔵✴文

月光荘おじさんの職人魂――145

記事になった月光荘おじさん――185
大野力✴文

家族から見た月光荘おじさん――213
父から義父への手紙　月光荘画材店 二代目 日比なな せ✴文
祖父としての月光荘おじさん　月光荘画材店 三代目 日比康造✴文

祈りの力……あとがきに代えて――225
月光荘画材店 二代目 日比なな せ✴文

**本書内の文字、イラストにつきまして**

✽本書内には「月光荘おじさん」が作っていた「月光荘しんぶん」や「月光荘おじさん」に関連した記事が引用されています。それぞれ、時代や書き手によって様々な表記で綴られていますが、本書では原文を活かし掲載しています。

✽本書掲載のイラストは、「月光荘おじさん」と交流があったイラストレーターの手によるものです。

✽Ｐ２１４〜２１７の原稿は『天然生活』（２０１３年８月号）が初出です。Ｐ68〜80は初出の掲載誌が不明です。お心あたりがありましたら、巻末に記載されている出版社宛にご連絡ください。

# 月光荘おじさんを知っていますか

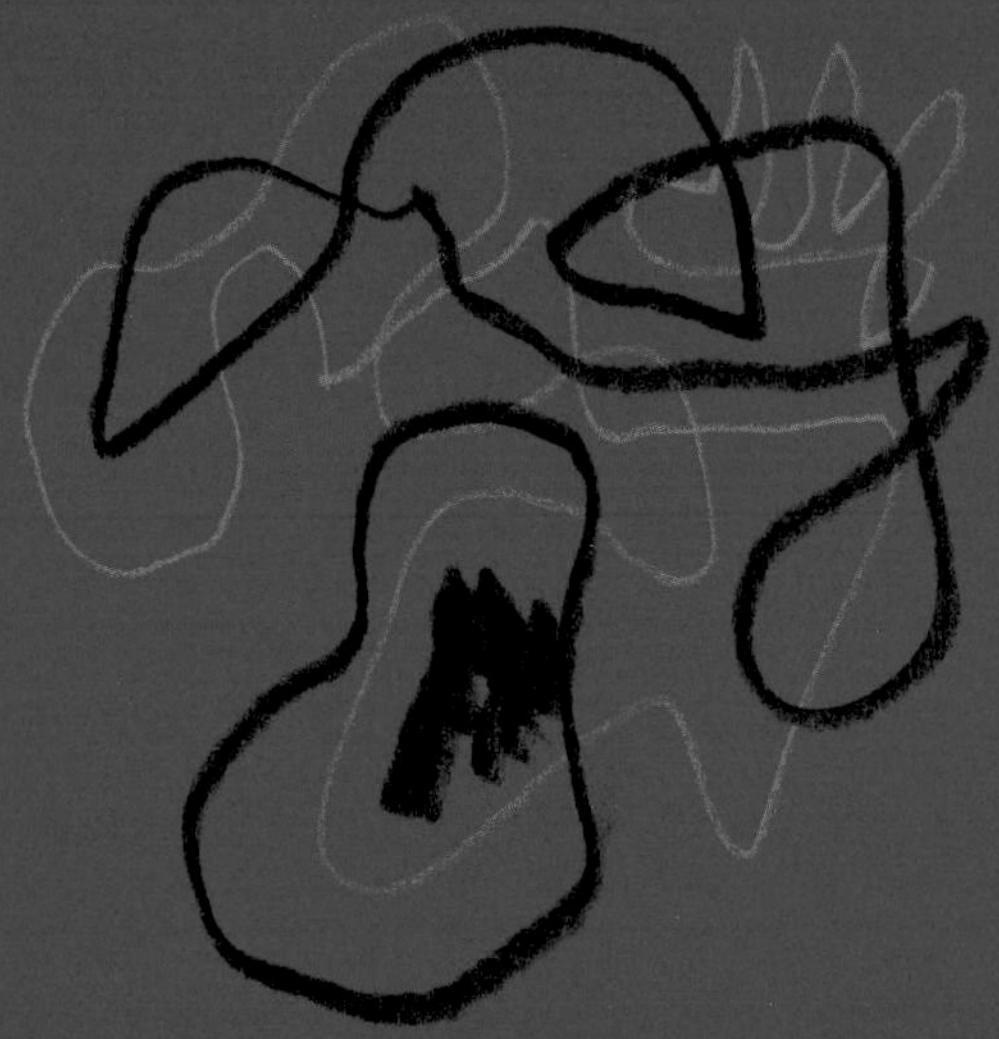

「月光荘おじさん」っていったいどんな人？
という方に向けて、まずはそのおいたちから
おじさんがお店を開くところまでの
お話をしましょう。
絵は、月光荘と縁が深い、
画家の牧野伊三夫さんによるものです。

東京は銀座、「月光荘」は日本で唯一オリジナルの画材だけを売っている、ちょっと変わった画材屋さん。

100年の歴史がある老舗で、看板もちゃんと出ているはずなのに、よく注意してないと通り過ぎてしまうこぢんまりとした佇まい。そんな月光荘の創業者が、この本の主人公である橋本兵蔵さんです。


ところが誰も兵蔵さんを本名で呼ぶ人はいません。お店にやってくるお客様はもちろんのこと、世界中から送られてくる手紙やはがきの宛名、画材を作る職人さんにいたるまで、本人が亡くなった今でも、兵蔵さんを知るすべての人が親しみをこめて「月光荘おじさん」と呼ぶのです。

日本だけでなく、世界中に月光荘のファンの輪を広げた月光荘おじさん。いったいどんな人なのでしょうか。そして月光荘ってどんなお店なのでしょう。

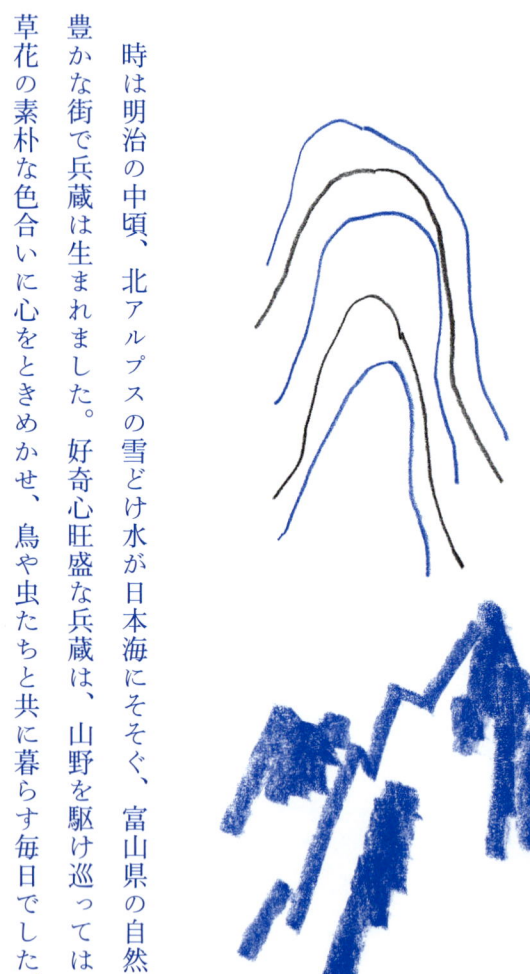

# 富山から東京へ

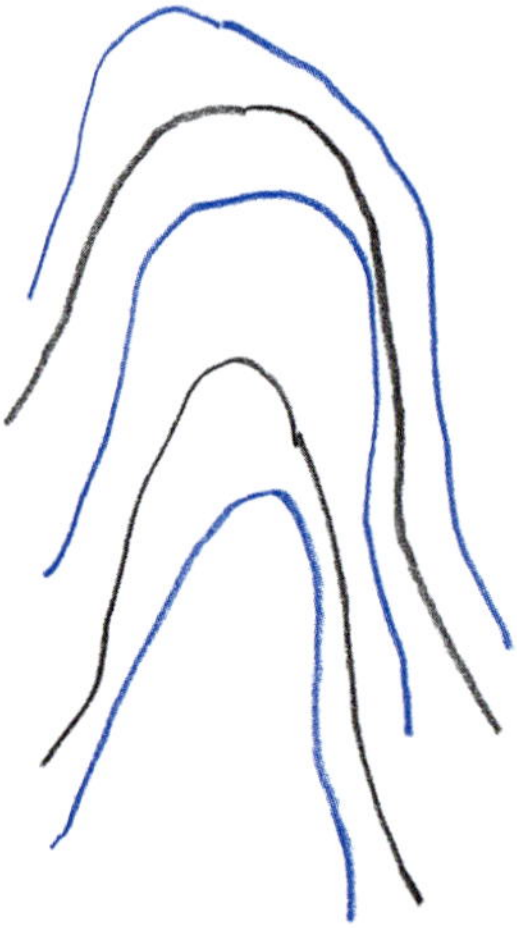

時は明治の中頃、北アルプスの雪どけ水が日本海にそそぐ、富山県の自然豊かな街で兵蔵は生まれました。好奇心旺盛な兵蔵は、山野を駆け巡っては草花の素朴な色合いに心をときめかせ、鳥や虫たちと共に暮らす毎日でした。

そして空にかかる虹を見ることが大好きで、「俺、あの虹の橋を渡ってみたいんだ！」と先生の制止を振り切って駆け出していくほど、自然の美しさに惹きつけられていました。

貧しい暮らしの中で、兵蔵は小学校を出ると中学校へは進学せず、すぐに農家の仕事を手伝うようになります。

学校へ行かせる余裕はないが、学問の大切さを痛感していた兵蔵の父は、本だけは沢山読めるようにと、買ってきた本を蔵に次々と積み上げていったといいます。

父の望み通り、兵蔵は読書が大好きな少年に育ち、蔵に積まれた本を片っ端から読んでは、広い世界に対する思いを膨らませていきました。

日が経つにつれ、どうしても外の世界をこの目で見てみたいという思いを抑えきれず、18歳になったある日のこと、兵蔵は一人列車に飛び乗って一路東京を目指しました。

当時、農家の長男の立場で家を飛び出すことは、大変な覚悟のいることでした。

# 人生を変えた運命の出会い

東京へ出てくると、農作業仕込みの自慢の体力で、郵便配達から運転手までどんな仕事も必死にやりました。慣れない都会での生活に心をすり減らしながらも、田舎では見ることのできなかった最先端の暮らしや文化にどんどん魅了されていきます。

そして数年が経ち、書生として住み込みで働き始めたお宅のお向かいが、兵蔵の運命を変える出会いとなる、歌人・与謝野晶子のご自宅でした。かねてより実家の蔵で与謝野晶子の歌集を愛読していた兵蔵の胸は高鳴りました。

ある日兵蔵は、思い切ってその憧れのお宅のドアベルを鳴らします。すると田舎者丸出しだった若者を与謝野鉄幹・晶子夫妻は快く迎え入れてくれ、ご自宅に集まる文化人や芸術家たちを次々と紹介してくれたのでした。

当時夫妻は雑誌「明星」を主宰していて、家には北原白秋、石川啄木、高村光太郎などの詩人や、藤島武二、梅原龍三郎、有島生馬、岡田三郎助などの画家たち、また建築家や歌舞伎役者など、ジャンルを超えた人々が集まっていたのです。

兵蔵は気のきいた話などできるわけもなく、皆が話すのをただ黙って聞いているだけ。見たことも聞いたこともない世界に驚くばかりでしたが、目の前にいる大人たちが間違いなくこれからの日本を引っ張っていく人たちなのだということだけは良く分かりました。一言一句を聞き逃すまいと食い入るような眼差しでいる青年を、与謝野家に集う人々は面白がり、だんだんと可愛がってもらえるようになりました。

そのうち兵蔵の心の中に、それまでまったく知らなかった芸術の世界が広がっていきます。

子供の頃、自然の美しさに魅せられたのと同じように、芸術家たちが語る「ものをみる目」「表現を追い求める姿勢」といったものに心を奪われていくのです。

そしてなんとかこの魅力的な人たちの仲間に加わって自分がお役に立てることがないものかと、いつしか真剣に考えるようになりました。

月光荘画材店８Ｂ鉛筆で描く
二〇一七年十月十七日
伊三夫

# 天職に一生をかける決心をする

時は大正の初め頃。第一次世界大戦のまっただ中でしたが、国内では大衆文化が花開き、大正モダンと呼ばれる華やかな時代を迎えていました。

舶来の新しい文化や情報が日本に次々と入ってきましたが、なにしろ皆、本物を見たことがありません。何をするにも自分たちで工夫して作るか、本物を見たければ高いお金を出して海外から取り寄せるほかありません。

当時の絵描き達は、「抜けるような青の絵の具が欲しい！」と思っても、国内には上質な絵の具はまだありませんから、輝くような色彩の絵の具を手に入れるには、注文を出してから2ヶ月もの間、船便で届くのを気長に待つしかなかったのです。

絵描き達にとって絵の具は単なる塗料ではなく、心を燃やしてキャンバスに向き合い、研ぎ澄まされた感性からほとばしる命の色彩でなければなりません。

そこに大きな不便と不満があるのを知っていた兵蔵に、与謝野家に集まる人々が助言をしてくれるようになります。

「君には色に対しての憧れがあるし、いい感覚と感性があるから、ひとつ色彩に関係する仕事をしてみてはどうだろう」

兵蔵の心に、一筋の光が差すようでした。

晩年、本人がこの時の気持ちを次のように語っています。

「私の一生をかけて、芸術というこの大きなものに心血を注いでいる先生方の、少しでもお役に立つようになろうと固い決心をしたんだよ」

# 月光荘の誕生

兵蔵はまず、外国から絵の具の輸入をはじめます。荷が港に着くと、台風で雨風のひどい日でも、自転車でアトリエまで直接絵の具を届けて回りました。

絵描き達がどれほど絵の具の到着を心待ちにしているか、それを考えれば天気のことなど休む理由にはなりません。

そして絵の具を届けにいった先で、絵描きから画材についての不満や改善点を聞くと、次に訪れる時には試作品を持っていって試してもらうのです。

その繰り返しをひたすら続けることで、徐々に絵描きからの信頼を得ていきました。不眠不休で働いた結果、少しずつ資金が貯まり、大正6年（1917年）、東京新宿の角筈《つのはず》にお店を出すことになりました。最初に与謝野家のドアベルを鳴らしてから2年後のこと。兵蔵23歳の時でした。

いよいよお店のオープンを目前にしたある日のこと。与謝野晶子の自宅に呼び出された兵蔵は、その後の人生を決定づける運命の瞬間を迎えます。

与謝野晶子が開業のはなむけにと歌を一首詠んでくれたのです。


「大空の　月の中より君来しや　ひるも光りぬ　夜も光りぬ」

――あなたは大空にある、月からの使者。昼のあいだも夜と同じように優しく光っています。


芸術家の作品が太陽だとすれば、絵の具屋はそれを支える月の光。

良い時も悪い時も、変わらずに照らし続けなさい。

そのことを、歌に乗せて伝えてくれたのでした。

そしてフランスの詩人ヴェルレーヌの『月光と人』という作品から引用した「月光荘」という店名を夫妻より名付けてもらいました（現在のお店の入り口

にある看板に書かれた「月光荘」の文字は、与謝野晶子による直筆の書体です)。

兵蔵はこの時、どれほど感激したことでしょう。この時の教えとご恩を生涯忘れぬよう、兵蔵は本名を捨てて自らを「月光荘おじさん」と名乗るようになりました。

飛び出した富山の家にはもう二度と戻らない。生涯を月の光として芸術家を支え、共に生きる覚悟を決めたのでした。それからは郵便物の宛名もすべて、「月光荘おやじ」「月光荘おじさん」で届くようになったのです。

トレードマークである「友を呼ぶホルン」は、与謝野夫妻を中心とした当時の文化人グループ(小山内薫、芥川龍之介、島崎藤村、有島武郎、初代猿之助、森律子、藤島武二、岡田三郎助など30数名)の方々が一緒になって考えてくれ、このホルンの音のもとに、一人でも多くの仲間が集いますようにとの願いが込められました。

最初のお店の建築設計は画家の藤田嗣治の監修によるもので、パリの街角をそのまま移したような当時としては斬新なつくりだったので、珍しい建築だからとさまざまな映画のロケーションとしても使われました。

店員さんにも、背の高いフランス人の女性がいて、当時としてはかなりハイカラな雰囲気でした。


開店後の金銭面を心配した与謝野晶子さんは、自分の名刺に「私の友人」と書き記したものを兵蔵に持たせて、新宿中村屋のご主人である相馬愛蔵、富山出身で富士銀行創始者の安田善次郎、生活協同組合初代会長の賀川豊彦らに引き合わせ、経営のイロハを学ばせます。

「売れるものを考えるのではなくて、人が喜ぶものを売ること」

「自分で売るものは自分で作り、自信のあるものだけを売りなさい」

「売りたいがための値下げで、安売りなんかをしてはいけない。そんな絵の具にとびつく画家はきっと大成しないはずだから。どんな時でもお金の奴隷になってはいけないよ」

そんな経営の大先輩方の助言を胸に抱いて、月光荘は船出したのでした。

♥牧野伊三夫〈まきのいさお〉
1964年　福岡県北九州市生まれ。画家。美術同人誌『四月と十月』同人。月光荘画材店絵画教室講師。書籍の装丁や挿画も多数手がける。著書に『僕は、太陽をのむ』『仕事場訪問』（ともに港の人刊）『かぼちゃを塩で煮る』（幻冬舎）。北九州市情報誌『雲のうえ』、飛騨産業広報誌『飛騨』編集委員。東京都在住。

月光荘おじさんと出会った人、
それぞれに物語があります。
おじさんから手渡された小さな夢の種。
その種を花咲かせた方々の
おじさんとの想い出をお届けします。

# 人生で大切なことは
# 月光荘おじさんから学んだ

# おじちゃんからの贈りもの

水野スウ

銀座月光荘。名前の響きだけでもう心がわくわくしてくる、不思議な場所。そのお店にはじめて足を踏み入れたのは、今から半世紀以上も前のことです。まるで魔法のたからばこだ！　と、その時の驚きそのままを、私は後に『やさしさのパッチワーク』をはじめ、数冊のエッセイ集に書きました。

長い長い時をへて、これらの文章が、月光荘１００歳記念の本のお仲間にいれていただけるなんて、タイムカプセルの贈りもののようです。

## ホルンを吹けば

絵が好きでいつもスケッチブックを手放さない男の子が、ある日わたしをそのスケッチブックの置いてある銀座の画材屋さんに連れていってくれました。

ビルの地下へ降りると、そこは四方がガラスの壁の（だったような気がするのです）、なんだかとてもふしぎな店でした。白髪あたまのおじちゃんがひとりでお店番をしていて、お客さんが来たからといって、別にニコリでもなければイラッシャイでもなく、ずり落ちそうなメガネの奥からジロリとわたしに無言の一べつ――というのが、一見ちょっとおっかなそうな月光荘のおじちゃんとわたしのはじめての出逢いでした。振り返ればもう、十七年、八年前のことになります。

さてその日、画材に興味のないわたしはほかにすることがないので、キョロキョロ店内を見まわしました。天井からさかさ吊りのバラの花（ドライフラワー、という呼び名もまだあまり知られていないころでした）、壁にはカラスウリの赤い実や大小さまざまのヒトデ、蒸留水を入れる大きな緑色のびんの中には貝がらや石っころやビー玉がころがっていて――おやおや、それはどこか、その当時の、わたしのがらくた部屋の続きみたいでした。それだけでも嬉しいオドロキなのに、しかも銀座のどまん中にこんな場所を見つけたのですから、わたしはますます嬉しくなってしまった……！　やがてわたしの目は便箋や封筒、ハガキの並んでいる棚のところでとまりました。

「あれ何でこんなものを売っているの？」

その声に、おじちゃん答えていわく、

「店に来る絵描きさんの恋びとやら、絵は描かんでも手紙は書くじゃろが」

ナルホドねぇー……そんなことから、おじちゃんとの話の糸口がするするほぐれて、たちまちのうちにわたしはこのおじちゃんと、おじちゃんの店・月光荘のファンになってしまったのです。

かくしてその日の買物は、日記用スケッチブック数冊、便箋とハガキ、鉛筆に消しゴム。ふと見れば、そのどれにもラッパみたいなマークがついています。おじちゃんに「これは？」と意味を尋ねれば、その答え――友を呼ぶホルンさ、ひとが集まる――に、またまたマイッてしまうわたしでした。

お勘定の段になってもレジなどないのです。代わりに空き缶がひとつ、机の上に置かれていて、お客さんはそれぞれ自分の買った分を計算して缶にお金を入れ、つりをとってゆくというシステム（この缶は、おじちゃんの奥様がお嫁入りの時に持ってこられたもので、昔、ままごと遊びに使っていたオモチャの金庫だそうです）。

買った品物はそのまま胸にかかえて帰るから、包装紙といったものも特別にありません。どうしてもとなれば、新聞よりも大判の、お店のカタログ紙で包んで、ひもでギュッとくるのです。なんともステキなお店ではありませんか……！　それ以後、わたしは銀座に出るたび用事があってもなくても月光荘に寄り道するようになりました。

「おじちゃーん、元気ィ？」

「おや、お前サン、また来てくれたの」

「そうよ、恋してるとラブレターの紙がすぐになくなるもん」

「そりゃそーだ、おまいも年頃だかんねえー」

明治生まれのおじちゃんとのこんなやりとりが楽しくて、行けばいつでも長居をしたものです。

わたしがはじめての詩集を出した時も、一ばんにおじちゃんのところに持ってゆきました。中を見るなりおじちゃんが、

「今度来る時、この本たくさん持っといで。他ならぬお前さんのコドモじゃないの、みんなに可愛がってもらおーよ」

そう言ってくれた、あの時の嬉しさをわたしはいまだに忘れないでいます。

いま読み返すとほんとうにつたなくて幼い詩集、それがいつの間にか残らず売り切れてしまったというのも、おじちゃんのあたたかい後押しなしには考えられないことでしたから。

長い長いおつきあいのうちに少しずつ気心も知れて、いつのころからかかわ

たしはお店の新聞ともいうべきカタログづくりのお手伝いをするようになり、いまに至っています。おじちゃんは画材屋、絵の具屋さんとしたらかなり有名なひとらしいのだけれど、そういう感じは少しもなくて、むしろ逆に、わたしからのささやかな協力に対して、心からの「ありがとよ、ありがとよ」をくり返すひとなのです。

そんなこんなを考えあわせると、わたしはこのおじちゃんから、いったいどれだけ多くの〝ごほうび〟をいただいているかわからない。十年前の詩集にはじまってその後のわたしの本たちもみんなおじちゃんのお世話になって、それに対するわたしからのご恩返しは、あまりにチッポケな気がして。

おじちゃんの「働く」姿勢、「学ぶ」精神、時には一枚のハガキからさえその真剣さが伝わってきます。行間から「何事も途中で投げちゃあいかんゾ」というおじちゃんの声が聞こえてくるようで、知らず知らずわたしの背すじまで伸びてしまうのです。

かつてリッカービルの地下にあったガラス張りのお店は、その後、モダンな月光荘ビル内の一角へと引っ越しましたが、お店のやりかたは今でも昔と変わりません。あい変わらずオモチャの金庫を使い、包装もしていません。

そんなおじちゃんのことが、一度新聞記事になって、大きく載りました。反響も大きく、翌日にはテレビ出演の依頼が数件。けれどご当人のおじちゃんはどこ吹く風といった感じで、その後のお便りには、

「私は記事は読まないよ。恥ずかしいような気がしるので、NHKもほかのテレビ局のも断わったのです。テレる性分だし百姓の子だものね。……カタログづくりはカタツムリでも根気です、楽しく働こうよね。最善の努力しるのが人生と思っているから、ちっとも気になりません。あんたも元気でやれや、この次いつごろ逢いるかな、藤の花のころでしか」

……と、ありました。

『やさしさの、パッチワーク』（立風書房　1979年）より

私が金沢に暮らすようになってから、月光荘おじちゃんとはほんとによく手紙のやりとりをしました。一枚のはがき、一枚の便箋の中に、おじちゃんのその時々のきもちが、独特の踊るような文字と一緒にいつもぎゅっと濃くつまっている。郵便受けにその字を見つけただけで、私の心も踊ったのです。

お便りは、心を結ぶみえないリボン。一冊分、その想いだけで綴った手紙にまつわるエッセイ集の中にも、銀座と金沢の間を何度も行き来した、おじちゃんとのお手紙のことをこんなふうに書きました。

## 月光荘だより（銀座―金沢往復書簡）

「なぜ田舎へ行くの。相手ができたの。せっかくチョイチョイみられると思ってよろこんでいたのに。十一日、十二日はルスになるがその他は必ずいるからおまつ（お待ち）していますキットね。指キリゲンマン」

「今、金沢からフート（封筒）着。おめでとう。一人は太陽になり一人は水になる。まいたたねは芽がでて、花が咲いて大きな実がなる。心暖かく精いっぱいはたらこうね。あした、てんきになーれ」

どちらも月光荘のおじちゃんからのはがきです。一通目のはわたしが金沢に行くと知って、二通目のは「結婚しました」と言うわたしからのカードを受けとっての、つまり、結婚祝いのはがきなのです。なかなかすてきでしょう？

金沢に移って翌年の夏、わたしはお庭の小さな畑でちょこちょこと野菜を育てていました。それでおじちゃんへの手紙にも度々、畑の野菜たちが登場しました。東京へ近日中に行きます、という手紙を出したら、

「金沢のいい空気ときれいな犀川《さいがわ》の水で育ったキューリやトマト、忘れんでにぎって（もいで）きて下さいな。

入梅の雨の中に小鳥のカゴが庭の芝生の中に出してある。サビるから取ろうとしたらバアさんが、きのう、孫がきて、小鳥さん、おいでよと戸口をあけて出したのだとのこと。そっとしておきます。私の小鳥がいつ私の心の鳥カゴに入ってくるかな、とアジサイの花をかざっております」という返事がすぐに。

こんな風に、おじちゃんの文章にはいつも詩があります。詩があるからみずみずしいのか、みずみずしいから詩があるのか、わからないけれど一枚のはがきから季節ごとの絵がうかびます。

歳の話をするとあまりいい顔をしないけれど、おじちゃんは、明治二十七年の生まれ。でも仕事に賭ける情熱は若いひとなんかに決してひけをとりません。芸妓さんのけだしから便箋のアイデアをみつけたように、いまだに〝勉強中〟の姿勢をくずしません。洋画材店、月光荘には新聞紙より大判の商品カタログが前からあったのですが、去年あたりからわたしがカタログの文章を書くお手伝いをすることになりました。

「楽しくつやっぽくユーモアに、月光荘のカタログに話の花を咲かせてください」というのがおじちゃんの注文で、それ以来、何通の手紙が金沢・銀座間を往復したか知れません。多い時には一日に二回もの手紙が届き、わたしの方が圧倒されるくらい。そんなやりとりをくり返すうち、カタログは少しずつ埋まってゆき、それと同時にわたしはおじちゃんから仕事に対する真剣さ、人生への謙虚さというものを学んでいったような気がします。ここに少し、おじちゃんからの手紙を紹介させてもらうと、

「私の漢字やカナ遣いは富山の発音が出たり原稿も硬くなっておもしろくな

いから、あなたの方でドシドシなほしていって下さいね。金沢まで飛ばし（おじちゃんは時々、「す」と書くところを「し」とするのがクセ）のはそのためです」

「これから暮れのカタログを作るのに努力中です。同じ物のようだけど、なんかの変化と言うか進歩かをめざしているのでしが、いちばんムツカシイのがカタログ作りだと思います。いつとはなしに買ってみようかなと言う気持をおこさせることでし。ウソではなく真実そのもので。…今までおまい（え）さんのいるのに気づかなかったの。世の中ってとかくこんなものなんだよ、遠いところを見るより手近なところに幸福があるのです。友よ、助けあおうね」

「今日、ドド（手芸家の小薗江圭子さんのこと）がクッションを持ってきてくれた。気の利いたものでしょ。色気とユーモア、それで品のいいのがミソ。女子大（ドドさんは日本女子大卒でわたしの先輩にあたります）から拾った二人の娘さん達に幸せあるように、お月様にお願いしました。また来てね」

「人は働くために生きていると思っています。働かないとマンマ（ご飯）がうまくない。働くのは健康のもと、収入のもと、喜びのもと。と思いながらも不平がでるのは修業の足りないせいか」

「あなたに手紙を書けるのが嬉しいです。でもムリをたのんですまないなーと心のすみであやまっているのです。……さあ、カタログ第三部をうまくやります。思ったことをそのまま言ってくれないと友達ではないぞや」

「私は小学卒。人は野生だと言ふ。私は自然なんです。自然を愛しているのです。とけこもうと努力しているのです。人は教養を尊びます。そのためには人一倍の努力をしております。野生と野蛮とはとなり合せのもののようにみえるけど、全然違ったものです」

「人間は年とらないと物がわかってこんのです。年齢の差は一朝一夕の学問ではわりきれません。だから90歳になって初めてサトリをひらくのです。それを有効にしなかったら生きてきた価値はないでしょう。

あんたも90の友達をもった意義を十分活かしたら、あんたの仕事はマセて来てもすばらしい物がキット生まれましょ。そう信じます。あんたの若さのホノホ（炎）を受けられる限り負けないぞや」

おじちゃんが便箋代わりに使うのは広告のチラシやデパートの包み紙の裏側。わたしもその点はご同様、しょっちゅうお菓子の包み紙で書いて出すので、おじちゃんが、

「文字でマンマたべる人々はとても紙を大切にしましね。フートも自家製で楽しい仲間に感じます。百五銀行の頭取のフートはいつも裏返しの物ばかりです。どんな物でも大切にしる人が好きなんです。人の手のかかった物は粗末にできません。私の生涯はムダをせんと言ふ事だけです」と。

ある時、資生堂の何トカ香水の宣伝文句が気にいったので、パンフレットを化粧品やさんで貰ってきました。ヘッド・コピーが「そばにいて」というのです。そのパンフレットで封筒を作り、コピーの字がちょうど裏の封をするところに来るように折って、おじちゃんに手紙を出したことがあります。「そばにいて」と書かれた大きな活字の後に「……なんて言われたらドキドキしますか、おじちゃん」と小さい文字で書き添えてポストに入れました。

すると折り返しきたおじちゃんからのはがきはこんな具合。

「〝そばにいて〟すばらしい、信州信濃の新そばよりも。あなたのフート作りにホトホト感心しました。あなたは生涯、ビンボ（貧乏）のできない人だよ、ドキドキ」

カタログが一段落しておじちゃんから手紙が来ました。

「丸一年の努力でやっと片がつきました。でも落ちこぼれに気づいたり、編集を替えたり、来年のために今日からまた試みるのです。あんたをこんなおひとよしにつきあってゆかせるのは悪いような気がしてくるよ。いやになったら、あんたのためにならんと思ったら、どうぞことわってくださいよ」

わたしからの返事。

「おじちゃん。銀座からお便り来る度、勇気づけられるのはわたしの方です。おじちゃんの情熱と誠意に背中を押されるのです、年の若いわたしはもっともっと働いて当然と。今日みたいなレターには、何言ってんの、水クサイ！と、おじちゃんの背中、叩きたくなってしまうぞ。絵を愛し、お店を愛してくれるファンのお役に立ちたいね。ホルン（お店のマーク）の響きにみんなを集めたいね。それがカタログの使命ですもん」

おじちゃんの理想とするカタログづくりには終わりがありません。だからお便りの行ったり来たりにも打ちどめがありません。せわしない仕事の合間に、

「十月もまんなかなのにピンクのフヨーがたくさん開くので庭がなまめかしい。萩が遅れてツボミがいっぱい地べたにたれています。花を眺めては元気を出しております」

と走り書きのはがきをくれるおじちゃん。わたしはこんなおじちゃんと組んで仕事のできることを、しみじみありがたい、と思わずにはいられないのです。

『想いのコンクジュース』（新宿圭文社　1978年刊）より

「いのち燃やす手紙」と題するこの文章を私が書いたのは、おじちゃんが87歳の時。ここに登場するはがきやお便りは、おそらくその2、3年前に私が受けとったものでしょう。受けとった時も、そして今読んでも、熱いなみだがぽろり、とこぼれる。本気で生きている人の、本物の言葉ってすごいなあ。歳月がどれだけたとうと、生きている言葉、つながるきもち。

その日、私は届いた一枚のはがきを思わずその場で抱きしめましたが、それは同時に、おじちゃんの言葉に私が抱きしめられたことでもあったのでしょうね。

## いのち燃やす手紙

二十年ちかいおつきあいを通じて、わたしが親しみをこめて〝おじちゃん〟とお呼びしている東京銀座の洋画材店・月光荘のご主人は、ことしで満八十七歳のお誕生日をおむかえです。

以前に出した二、三のエッセイ集でも、わたしはおじちゃんの生きてこられた足跡や、きょう現在も息づくおじちゃんの、ひと・もの・仕事に対しての情熱（そのほんの一部）を、文章にさせていただいたのだけれど、いままたここに、どうしてもあなたにお見せしたい一枚のはがきがあるのです。

おじちゃん考案の、月光荘オリジナル詩絵はがきの裏に書かれた、数行の走り書き。だけどその数行がおおきくわたしの心を揺さぶったのです。

耳がとほくなってくると相手の目の色に
気がつくようになってきました。
目がかすんでも、手のにぎり具合と温かさで
心にしみる度合が違ってきます。
男と女であったら、
ローソクか稲妻かすぐわかりましょ・ね。

……知らずにぽろっと、わたしの目からひと粒落ちました。たぶん、おじちゃんの熱い心がそうさせたのです。人が生きていって、そして年をとってゆくということ、それがどういうことなのか、この数行に言いつくされている、そう思いました。

たしかに、年とともにひとのからだの性能はどうごまかしようもなく老いてゆく。若いときのすばしっこい身の動きや、見た目のまっすぐさは、それはいつまでも持っていられるというものではありません。

けれど、それをさびしくため息で見送るんじゃない。ひとつ道具の具合が悪くなったら、かわりの道具を活かそうじゃないの、そいつの機能をフル回転させてやろうじゃないの。もしそれがだめになっても、まだまだ手を握りあったときのぬくもりで、そしてしまいにはハートで、ひとはいっぱい感じることができるじゃないの——。

生きることに誠実をつくす、それは自分のいのちを燃やすことなんだよ……そうおっしゃるおじちゃんの声が聞こえてきそうで、わたしは胸がふるえました。ほんとうにビリビリッと稲妻にうたれました。

年をとるというのは、実にそういうことだったのですね。そういわれれば、目だって若いときは遠くのモノがはっきり見える、年とってくると目がしょぼしょぼしてそうはっきりとは見えなくなる。

でも逆に、もしかしたらモノじゃない〝もの〟、見えないもの、形のないもの……が年とともにはっきり見えてくることだってあるかもしれない。いえ、きっとあると思う、そういうふしぎな〝いれかわり〟のようなものが。

わたしの炎……、このおじちゃんのハートの炎にはとうてい及ぶべくもないけれど、でもわたし自身がいつかはおじちゃんにとって、ときにはローソクのぬくもり、そしてときにはビリビリッとおじちゃんをシビレさせる稲妻、そういう友だちにならなければいけないんだ、そのためにも毎日、いのち燃やしてゆかなければいけないんだ――はがきを抱いて、わたしはそんなふうに思いました。

すうさんや
ほんとに去年はよくはたらきました。
三十年来の製品の改良に全力を注ぎました。
考いるのをやめようと思いながら、
ついついまた考いはじめるのも病気かね。
でも「人のために」つくしましょ、
人につくせば喜ばれる、人のためは自分のためです。

それがいろんなかたちでもどってくるのです。
鮭が故郷の川にもどってくるのと同じです。
あなたの手紙に、おじさんのはがきの文面云々と。
なにを書いたかケントもつかんが、
今日届いた便りの中の〝いのち燃やすはがき〟でわかった。
今年もはじけるほどはたらきます。
好きだからこそはたらくのです。
私はいつ死んでもクヤマない、だけどもう十年必ず生き延びます、
「希望」があるから。
与謝野晶子先生への感謝と画家への感謝の、
つきぬ永遠の基を作ってゆきます。
畑をたがやす鍬《くわ》はピカピカしています。
十年、あとたがやせます。
こんどはいつ逢いるかしら、

あんたと逢ってるときだけがなんかしら落ち着いていましよ、
すうさんや助けてね、またね。

月光荘おじさん

水野すう様

いのち燃やしてとことん生きる、それが人生、それがおじちゃんの〝生きる〟ということ。どこか、去年亡くした父に似た面影、そしてふんい気、しかも同じ年生まれのおじちゃん。

どうか、どうか父の分まで長生きしてくださいね、とお願いしたのは、おじちゃんが父の葬儀におみえくださった日のことでしたね。ほんとうにいまも、心の底からおじちゃんにそうお願いします。

あと二十年も三十年も、鍬はぜったいピカピカよ。

『ありがとうのパッチワーク』（立風書房　１９８１年）より

2012年に出したエッセイ集『紅茶なきもち』に、私は30年ぶりに月光荘おじちゃんのことを書きました。おじちゃんが生きている間にはまだ気づけていなかった大切なことを、発見したからです。

おじちゃんのはじめたお店が満100歳のお誕生日を迎えるにあたって、その文章をゆっくり読み返した時、あ！　発見はまだあった、気づきはあそこで終わっていなかった、とわかりました。

一体どんな発見があったのでしょう。

## 次に渡す

水曜日。午後一時少し前になると、我が家のドアの呼び鈴のところに、ちょうどそれが隠れる程の大きさの小さな看板――木の枝を輪切りにしてひもをつけ、『ベルを鳴らさずそのままどうぞ』と書いてある――を出しに行って、それでその日の「紅茶の時間」がオープンします。

毎週誰がくるかわからない、でも来た人をようこそ、と迎えてあたたかい紅茶をいれる。紅茶の時間は、いうなれば、ただそれだけの場所です。

午後を通して3、4人の週もあれば、次々に誰かしらやってくるにぎやかな週もあり、時たま数年ぶりの人がひょこっと訪ねてきたり、はるばる遠くからお初の人がみえたりもする。あんまりはやってないけど、誰も来なかった週が、この34年間まだ一度もなく。

ただ来たい時に来て、話したければ話して、話したくなければ黙ってそこにいて、本を読みたければ読んで。その日その時たまたま来あわせた同士、その時間をともに過ごす、分けあう。そして私は、その場にずっといる、紅茶のおかわり入れ係です。


そんな場をどうしてはじめようと思ったの？　といろんな人から訊かれるたび、「あの時は、一緒に子育てする仲間がほしくってね」と私はいつも、同じ答え方をしてきました。

それはそれでおそらくあっているのだろうけど、今から10数年前、とってもひさしぶりに月光荘を訪れて、当時と少しもかわらない月光荘オリジナルのものたちに囲まれた瞬間、あ、紅茶の時間のはじまりって、ひょっとしたらここだったのかも！　と、わたしの胸の中の時計がいきなりぐるぐる逆回りしはじめました。

一気に目の前によみがえってきた、半世紀前のとくべつな感情と記憶。そう、あのころの私にとって、このお店はほんとにとくべつな場所だったんだ。


私が高校一年生の時、少し風変わりなところのあるボーイフレンドが、こういうとこきっと好きだと思う、と連れてきてくれた月光荘。

絵を描く人のための必需品がずらりと並ぶその横に、小さなドットのついた便箋やら、ユーモア詩が添えられたポストカードやら、日記帳にうってつけの薄手のスケッチブック、よりどりみどり！（実際あの日以来、私の日記帳にな

ったスケッチブックは、どれだけ私のきもちの吸いとり紙になってくれたことだろう）

それからは一人でも、何も買わなくても、用などなくても、私は銀座のお店にあししげく通いました。行くたびに、白髪ふさふさ頭の月光荘のおじちゃんが、鼻メガネの奥からぎょろりと私を見つめて「お〜、お前か、よく来た、よく来たな」といっては、私を好きなだけそこで長居させてくれたのでした。

中学2年から3年にかけての半年の間に、母を病気で、兄を自死で亡くした私にとって、はじめて月光荘を知ったちょうどその頃は、人生の中でここちが一番あぶなっかしかった時代だと思います。

50も年の離れた父と、兄のお嫁さんだった義理の姉と、私、という大切な人をなくした者同士、いきなりはじまった三人暮らし。わが家だけがまわりの家とはまったく違ってみえて、「なんで？　なんで？」と、胸の中で叫び続けてた。だけど、学校では同情されたくなくて、家では心配させたくなくて、その、なんで？　は、表に出さず、妙に明るい子をしていました。その分、内側に溜まっていくぐちゃぐちゃなきもちは、いつだって紙の上に吐き出すしかありませんでした、鉛筆の芯が折れるほどの強さで。

あの頃、いろんな人からよく、かわってるね、と言われました。私自身、誰かにわかってもらえるとも、たぶん思っていなかったのでしょう。見かけの明るいわたしと内なるわたしに隔たりがありすぎて、自分でも時々その取り扱いに困り、私って相当ヘンな子なんだろな、と感じていました。

そういう私に、おじちゃんはいつも、何度でも、お前はお前でいていいんだよ、というメッセージを投げかけてくれていたことを、今でもはっきりと思い出します。

いえ、特段、おじちゃんに悩みを打ち明けたなんて記憶はありません。話していたのは、おそらく、その日その時、お店に行く途中の道で見つけた、何かちっちゃなうれしいこと、美しいと感じたこと、最近おもしろいと思ったこと。そんなとるにたらないようなちいさな話を、仕事しているおじちゃんの横で折おりにつぶやいていたのだと思います。おじちゃんの前でなら、私はこれっぽっちも背伸びする必要がなく、素のまんまの自分でいられて、それがとてもここちよかった。

そんなある日のこと、おじちゃんが突然こう言いました。「スウや、おまいさんは……おもしろいなあ〜！」。ほとほと感心したみたいな口ぶりで、真顔で、そう言ったのでした。

私はその言葉にびっくりしました。まだ海のものとも山のものともわからない、たかだか15、6歳の女の子が、人生70年近くを生きてきた銀座のおじちゃんから、ちっぽけな存在ながら丸ごとの、わたし、〝Ｂｅ〟として認められる。それは、心臓がキュン！　と一瞬とまりそうなくらい、うれしくて誇らしいきもち。

その後も、「スウや、お前はいいなあ、ほんとにいい、いい」と、おじちゃんがうなずきながら言ってくれるたび、あれ？　こんな私だけども、私は私でいていいのかな、この「ヘン」なところこそ、もしかしたら私の「おもしろい」なのかも……そんなきもちを積み重ねていける、月光荘は私にとって、そういう場所でした。

やがて、このおじちゃんが、画壇の名だたる人たちから信頼されている絵の具職人であり、数々の伝説を持っている人だったことが徐々にわかってきたけれど、おじちゃんと私の距離は、まったく変わることがありませんでした。

おじちゃんのこと大好きだったから、お店のカタログ作りのお手伝いを頼まれることは、何にもましてうれしかった。学生の時に自費出版で出したはじめての詩集をお店においてもらえたことも、なんておおきなごほうびだったろう。

でもほんとは、もっともっと深い意味があったのですよね。あの時期におじちゃんと出逢えたこと、そのまんまの自分で居させてもらえて、来たい時にまた来ようと思える、あの場所が私にあったこと。そのおかげで、私は自分が一番私らしいと思える部分を大切にして、生きてこられたんじゃなかったろうか。

あのころは、場、とか、居場所、なんて言葉も概念も、まだ自分の中にはなかった、かけらほども。でもね、今ふりかえれば確かにあそこは、まぎれもない、わたしの〝居場所〟でした。

通っていたころはぼんやりとしかわからなかったことを、十分おとなになった日の私が、月光荘の懐かしい空気の中に身をおいたとたん、確かなものとして、そう思えた。それと同時に、紅茶の時間という「場」の原点がここにあったことにも、あらためて気づかされたのでした。

私は紅茶の時間にやって来る、とりわけ若い人たちに、まだその人自身は知らないまま持っているとくべつなsomethingを、できるだけ伝えたい、ってずっと思ってきたけれど、それって昔々に、少女だった私が、おじちゃんにしてもらっていたことだったんですよね。

ごくごく若い時期に、信じてもいいと思えるおとなに出逢い、キミはキミを生きていいんだよ、って言ってもらえる。それがその子へのどれほどの贈りものであることか、どれほどのちからを育ててくれることか。長いこと、私なりのささやかな場をしてきて、そのことの意味が今、痛いほどわかります。

月光荘おじちゃんが亡くなられてからもうずいぶんの年月がたちます。直接のありがとうは、もうどうにも返しようがありません。だけども、私がもらった分は、今とこれから先に出逢う次の人たちに、手渡しながら返してゆこう。紅茶の時間の原点に気づいたあの時、おじちゃんと自分にそう約束しました。pay it forward, 他の誰かへと違うかたちで先贈りって、きっとこういうことなのでしょう。

『紅茶なきもち』（2012年　紅茶の時間）より

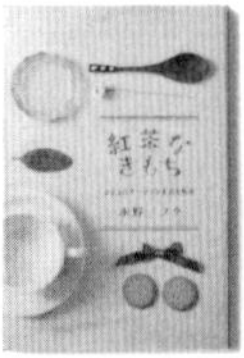

月光荘画材店、満100歳の本づくりの話を聞いた時、私の中をこんな想いが巡りました。私はここに、ごく個人的なものがたりを書かせてもらったけれども、おじちゃんが私に手渡してくれたような、かたちのない贈りものを受けとった人は、おじちゃんが月光荘をはじめてからの長きに渡って、おそらく数えきれないほどいる／いたのだろうな。

時にそれは、若い画学生さんだったり、あまりお金持ちでない絵描きさんだったり、失恋した女の子だったり、生きることに苦悩する若者だったり、もしかしたら会社の社長さんだったり、したかもしれません。そういった、おじちゃんとの間に生まれた個別のものがたりは、月光荘にかかわった方の数だけきっと存在するのでしょう。

そしてまた、おじちゃんとじかに逢ったことはなくても、月光荘の絵の具や鉛筆や消しゴムやハガキや便箋やスケッチブックやバッグなど……おじちゃんが生み出したものたちと出会っている人も、そうとは気づかずに贈りものを受けとっている、と言えるんじゃないかと思います。

今の私は、なんと不思議なことに、少女だった私がはじめて出逢ったころのおじちゃんの年齢と、ほぼおないどしになりました。その私の中に、50年以上前に受けとったおじちゃんからの贈りものが、まだ脈々と生きている——それを感じた時、おじちゃんはこれからも、出逢った人や月光荘のものたちを介して、熱いこころを次の人たちに手渡していく、と私は確信しました。本物のきもち、本物の言葉、誠実につくられた本物の道具。それは時を超えて、色褪せず引き継がれていく。だからね、私は希望を持ってあなたに伝えたい。おじちゃんの言葉も、月光荘のどんなものたちも、それはおじちゃんから次のあなたに手渡される、確かなひとかけらなんですよ、と。

♥水野スウ（みずのすう）
東京生まれ。日本女子大学英文科卒業。エッセイスト。高校生の時に「月光荘おじさん」と出会い、交流を深め、月光荘しんぶんの制作を手伝う。日常の中に宝石を見つけ出し、その喜びを読者へお福分けしてくれるような文章を『てのひらごよみ』『ありがとうのパッチワーク』（立風書房）など、多くの著書で届ける。結婚後は金沢へ。1983年より、自宅で週に一度のオープンハウス「紅茶の時間」をはじめる。『いのみら通信』編集人。

# みんなの心に春の陽を

立原えりか

文化勲章をもらうようなえらい芸術家も、絵具が買えずに色鉛筆を買ってゆくニコヨン画家も、おじさんには同じ友だちだ。

小さい絵具屋さんだが、お客のひとりひとりと心と心で結びついている。悩んでいれば相談にのるし、お金がなければ店でアルバイトさせてやる。そして若い才能が、くじけずにすくすくと伸びてゆくことをいつも願っている。

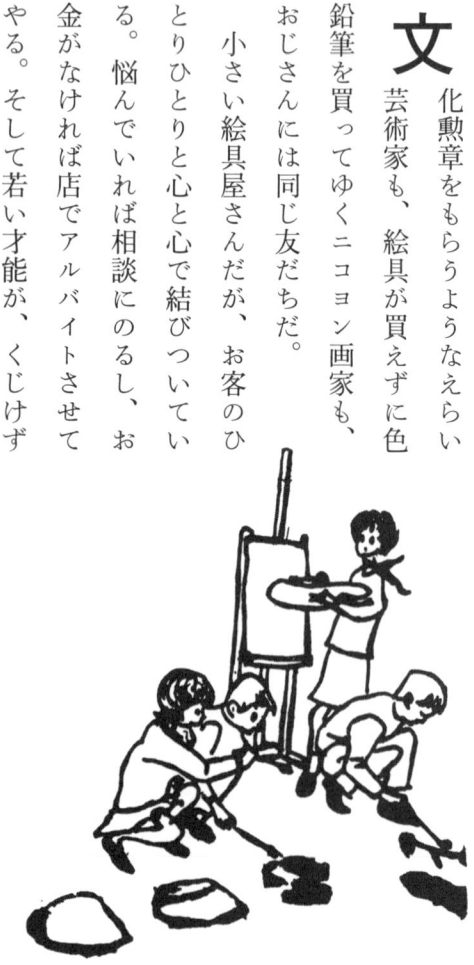

## いつも歌っていた子

銀座の町は美しい。きらびやかで、お金もちのようで、すましている。ぴかぴかにみがかれた外車が通り抜け、毛皮のコートを着た奥さんが歩いて行き、プードルをつれたお嬢さんがすぎる。店々のショー・ウインドーは、季節ごとに、虹のようにいろどられる。

そんな町の真中にある画材屋さんなのに月光荘は、ひなびた村のにおいがする。どこかの海のにおいがする。絵具や、キャンバスや筆のあいだにおかれている赤い実のついた枝や、波に洗われた貝や小石のせいかもしれない。壁にかけてある、古い古い時計のせいかもしれない。

店のあるじ――橋本兵蔵さんという名前だそうだけれど、おじさんとよぶ。橋本さんよりおじさんのほうがその風貌に似つかわしい――は、白くて長い髪と、やっぱり白い眉、浅黒い顔の中で、目が、丸くて大きい。古ぼけたシャツを着て、チョッキを着て、やっぱり古いくつをはいて、すわっている。五十年近くつづいている店のなかに、こちこち働く時計と、店にくる若いともだちからの贈りもの、山で美しかった木の実や、海で光っていた石に囲まれている。

おじさんが、戦前新宿から移って銀座の今の場所で絵具屋を始めたのは、昭和二十一年、戦争が終わってすぐである。あのころ、東京はただ一面の焼野原で、ひとびとは、絵のことなど、考えてもみなかっただろう。

「さあ、平和になりましたよ。美しい絵、たのしい絵が、描けるようになりましたよ」

店のまんなかで、おじさんの心は、町とおなじように荒れたひとびとの心にむかって、さけんでいたにちがいない。

おじさんは、いつもの場所にすわって、お客を待つ。流れのようにゆきすぎる人のむれから、郵便配達が、手紙をおいていく。絵と詩でできている手紙。札幌の江面幸子さんからの手紙だ。

江面さんは、いまは結婚して、北海道にいる若い詩人である。彼女が、はじめて月光荘へきたとき、おじさんは、風でめくられたスケッチ・ブックのなかに、江面さんの絵を見つけた。うまいなといった。おじさんの言葉が、江面さんとおじさんを結びつけたのだ。

「ありがとう、おじさん。わたし、おじさんだけにほめられたの。こんど、東京へ出てきたらまた来ます」

江面さんは言った。

「ああ、きっと寄りなさい。それから、詩も絵もつづけるんだ。きっと良いものができるよ」

江面さんは、水戸から東京へでて、札幌で家庭をもつまで、いろいろなことを体験した。お金がなくなると、おじさんの店で、キャンバスを張ったり、絵具を売ったりの、アルバイトをさせてもらった。

他人からお金を借りるな、要るときは俺のところへこいよ、と言ったおじさんのことば通りに……。江面さんを想いだして、おじさんは言った。

「あの子はいつも歌っていた。明るくて、ピチピチしていて、女の子は、歌が好きでなけりゃいけない。歌って、そこいらを明るくしなけりゃいけない」

江面さんは、北海道でも、歌っているのだろう。その声が、おじさんの耳に、きこえるのかもしれない。

## ドドちゃんのネコ

若い、女のお客が、江面さんの想い出から、おじさんをつれもどす。よく動く目とクラリネットみたいな声が、彼女の作るお人形を想わせるひと、小薗江圭子さんだ。

小薗江さんが、おじさんとともだちになったのは、六、七年前のことである。そのころ、彼女は、おもしろいハンドバックを持って月光荘にきた。ハンドバックをあけると、おばけや、赤いネコが、ぴょっくり顔をだす。

「どれ、見せてごらん。面白いじゃないか」

おじさんが言うそばに、世界的な画家猪熊弦一郎氏が立っていた。

「いいね」

猪熊さんも、うなずいた。小薗江さんは、うれしかった。人形を作る事に、勇気がわいた。一緒にいらした猪熊さんの奥さまも、作品をとてもほめてくれて、彼女の衿もとのゆがみをちょっと直してくれた。

つぎの日も、ネコは、彼女のバッグのなかにいた。おじさんと猪熊さんのつぎに、小薗江さんのネコを見つけたのは、立派な紳士だった。

「そのネコを、ゆずってください」

紳士が言った。

「値段は、あなたが決めてください。今は決心がつかなくても、私はあきらめません。あなたが、ゆずってくださる気になったら、月光荘に置いておいてくれればいい」

三日後、彼女のネコは、月光荘のおじさんの手から、その人に渡った。

「これは、うちのオスネコの、およめさんのネコですから、大切にしてください」

という手紙といっしょに。

「ネコのおじょうさんにありがとう。大切にしますから安心なさい」

お礼の手紙と、おこづかいを貰った小薗江さんは、ほおを輝かせて町へでた。はじめて、自分の手で作った人形が、ひとの目にとまったのだ。人形が売れたのだ。

歩いていく小薗江さんの息がとまった。きらびやかな町の真中、世界のカメラを飾りたてたショー・ウインドーの中に、ネコがいたのだ。通るひとたちが足をとめるほど愛らしいようすをして。

小薗江さんは、店にかけこんだ。

「あのネコは……」

「社長が、どこからかお持ちになりました」

女店員がこたえるのを半分きいて、小薗江さんはおじさんのところへ戻った。

「よかったな、ドド（小薗江さんの名、圭子から来た愛称）。これからも、一生懸命やるんだよ。自分がやりたいと思ったことは、どこまでもやりつづけるのだ。勇気をもって、すすんでいかなければいけない」

おじさんは、幸運に息をはずませる小薗江さんに話しかけた。いっしょに、ほおをかがやかせた。

## ニコヨンさんの結婚

江面さん、小薗江さんのほかにも、月光荘を訪れる若いひとは多い。映画俳優の川津祐介さんもおじさんの友だちだ。もっともおじさんは、彼がスターであることをずっと知らなかった。

高名な画家、美術学校の先生、クレヨンを買いにくるおさない子ども、みんな、おじさんのともだち。おじさんは、ともだちにかこまれて、一日をおくる。日が暮れると、銀座は、工事でさわがしくなる。黄色いヘルメットをかぶった労働者たち、つぎのあたったシャツを着た、道路工事者たちのうちにも、おじさんのお客はいる。

清水虎之助さんという、青年がいた。彼はニコヨンで、水彩画が好きだった。店に来るとき、彼はいつも、わら半紙に、謄写版《とうしゃばん》ですったキリストの画をもっていた。

「そんなもの、どうするんだ」

あるとき、おじさんがきくと、青年は答えた。

「淋しがっているひとに送るんです」

「あんたは、いい若者だ。きっと、いい絵が描けるよ。油絵はやらんのかい」

「やりたいですよ。でも、油絵具は高くて手がでません」

頭をかく青年に、おじさんは、油絵具のセットを贈った。

「あんたの優しい心への贈りものだ」

青年はそれで、油絵を描いた。油絵は、きれいなものだ、楽しいものだ、おじさんの善意に力づけられて、清水さんの絵は労働者の展覧会で、みごと入賞した。

清水さんは、お金もちの美しいお嬢さんと結婚したが、そのときも、ニコヨンをしている自分が、そんな人と一緒になれるだろうかと迷いながら、おじさんに相談した。

「その娘さんに言うんだ。君の気持がほんとうなら、手に持てるものだけ持ってこいと。お金ももってくるな、と……」

清水さんは、そのとおりに言った。お嬢さんは、ハンドバッグと、風呂敷ひとつで、お嫁にきた。

「私も、あなたのように働きます。私は何もしらないけれど、ミシンができます。洋服をぬいましょう」

お嬢さんは、貧しい人たちの服をぬい、やがて、そのひとたちに、洋裁を教えるようになった。いまは、四十人もの生徒をもち、ひとりの女の子を育てながら、つつましくもしあわせな生活をしているという。清水さんは外にでて働き、しごとがすむと家で絵を描いている。

毎年草加せんべいの紙袋を一つ持って、あいさつに来ていたのだが、

「今年の暮れは、そのふたりが、はじめて箱入りの草加せんべいをもってきてくれましたよ。箱入りのが買えるだけ、暮らしが楽になったんでしょう」

おじさんは、清水さんのことを話しながらほおえんだ。

## おじさんのゆめ

でも、月光荘にやってきた人が、必ずしあわせになれるわけではない。おじさんの心は、不しあわせになっているかもしれない人の上にもとぶ。

「清水さんのように、ニコヨンで、絵が好きな人がいましたがね。汚れたス

ケッチ・ブックを、わたしに見せてくれるのです。どれも、貧しい人のむれや、働いている人ばかりを描いたものだったが、いい絵だった。絵に、心があったんです。なんでも、心が通ってなくちゃいけないと、わたしは思うんですよ。その人は、どうしたろう。ここ三カ月ほど、顔を見ないんだが……」

おじさんは、つぶやくように言った。やがて、夜が深まると、店を閉める時間がくる。おじさんは、ともだちから贈られた、さまざまな宝物をながめわたし、時計を見上げて、シャッターを下ろすのだろう。

「人間というものは、平凡に暮らすのがいいのだ。いつも自然に、そして人の迷惑にならずに、人を喜ばせることを、ひとつだけできたら、それが最高の生き方だ。肩書きも勲章もいらない。自分にできることを精一杯やるのが人生だ」

そんなおじさんの信念は、これからも、多くの人たちをひきつけるだろう。おじさんの心をもらいに、たくさんの人たちが、月光荘へやってくるだろう。

有名なえらい人も、貧乏な人もおじさんにはみんな同じともだちで心のかよいあいはちっとも変わらない。
おじさんは、うつくしいゆめを見ているようだ。おじさんは、あたたかい土になる。その上に、若いひとたちが根をおろし、枝をはり、花をひらく。
「その花は大きくて赤いのだ。すばらしい花が、たくさん咲くのだ」
おじさんは、白い眉の下で笑った。ほんとうの大人だけが知っている、やさしい笑いだった。

♥川津祐介〔かわづゆうすけ〕
１９３５年　東京生まれ。俳優。慶応義塾大学在学中の１９５８年に映画監督の木下恵介のすすめにより『この天の虹』でデビュー。趣味は陶芸・油絵。

♥ニコヨン
１９４９年頃、日雇い労働者のことを意味して用いられた俗語。

♥立原えりか〔たちばらえりか〕
１９３７年　東京生まれ。童話作家。１９５９年に童話集『人魚のくつ』で児童文学者協会新人賞を受賞。１９６１年には『でかでか人とちびちび人』で講談社児童文学新人賞を受賞。詩的で繊細なメルヘン世界にはおとなのファンも多い。

月光荘おじさんは、年に1回、
「月光荘しんぶん」を発行していました。
月光荘の商品のこと、仕事場での日常について、
お客さまとの交流についてなど、
様々なことが綴られたこのしんぶんには、
おじさんの教えがたくさん詰まっています。
ここでその一部をご紹介しましょう。

# 月光荘しんぶんから「おじさんの教え」

月光荘カタログは、絵を描く人、描こうとなさる方、すべてに読んでいただきたいこの店の新聞です。月光荘オリジナルの洋画材料一式消しゴムから室内画架までホルンマークがついたあらゆる絵の道具がここに整列しています。

発行は年一回。製品ご案内の他に、エノグや筆の豆知識、たとえ一行、一こまにもまことをこめた実績物語、責任をもてるものだけ。画家や職人のうら話。去年より更に工夫して使いよくなった道具のお知らせ。そしてお客様からの便りをのせた、芸術家と職人の心を結ぶ新聞です。

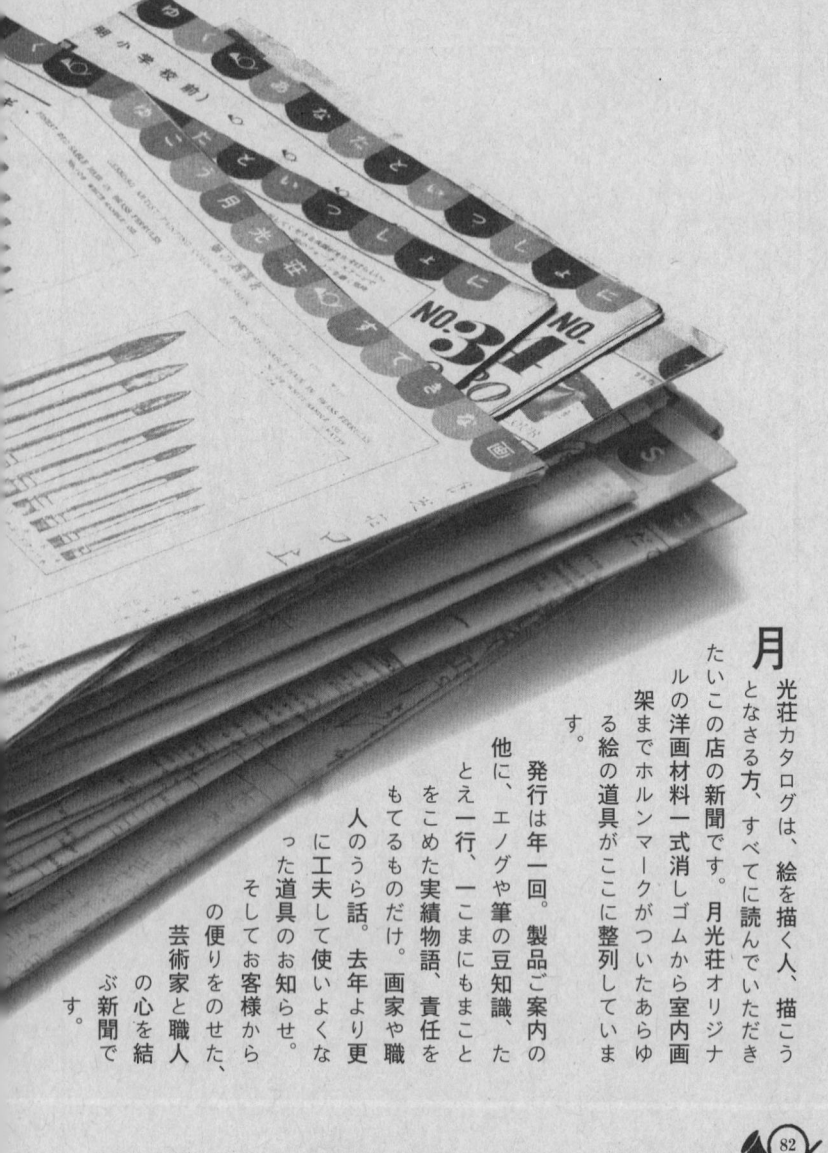

カタログは月光荘の
仕事場日記、
お客様との交換日記
待っております。
ご転居は一番に。

あなたのご意見
銀座に一輪
野の花のごとく咲く。

# 仲間を呼ぶホルンの交遊録

月光荘にある物、どれをとってもラッパがあるのにお気づきでしょう。

昔、ヨーロッパ貴族たちは好んで狩りをしました。深い森の中で、林の奥で仲間を呼ぶのに大きなホルンを吹き鳴らしました。

——そう、だからこのホルンは〝友を呼ぶホルン〟

作り手のわたし達は鉛筆から消しゴムに至るまで〝友よ集まれ〟のホルンの心をこめました。

おーい！　と呼べば、おーい！　のこだま。

ところは銀座のまんまん中　みどりの蔦のからまる月光荘
ぜひ一度　お訪ねください。

**深尾須磨子先生が蒔いた夢の種**

萩野綾子先生と三年のパリ留学を終えて帰国なさった深尾須磨子先生を小石川のお宅にお訪ねしました。与謝野晶子先生がパリのお話を伺ってきたらとすすめて下さったのです。広い縁側で秋の陽をあびて先生は気持ちよく迎えてくださいました。

（まずパリ娘の美しいこと！　独身の男性がパリへ行って一人で帰ってくるようでは一人前じゃないとか。男たるもの、娘一人だけは神様から授かった一生の宝。パリに来てみすみす指をくわえているようじゃだめよ……）

といったお話で幕があきました。

「そんなにきれいですか」

とオヤジ（月光荘おじさん、橋本兵蔵ご自身の事。月光荘しんぶんのなかでは、ご自分のことを、「わたし、オヤジ、おやじ」と表記されています。）は思わずため息。せめて息子には留学させたいと思ったものです。

それはともかく、オヤジには須磨子先生の美しさこそまぶしかった。気だかくて話す言葉が詩そのものでした。

須磨子先生がパリ郊外のカフェで入口近くに席をとろうとしたら、マダムが、

「どうぞ中庭へ」

通された中庭がとてもすてきで日本のどこにもないような雰囲気でした。

「あなたもそんなお店を作りなさいよ」

とおっしゃいましたが、私にはまるで夢のような話とおいとまをしたのでした。

それから数年後、新宿大通りの十字路に百坪を求め、そこに念願の中庭のある店を作りました。先生に報告するとたいそう喜んでくださり、中庭は栗林のように仕立てなさいよとのアドバイス。外庭にはマグノリヤを植えました。風薫る頃は花の甘い香りでいっぱいでした。

設計は芸大出たての大沢昌助さんの兄貴にお願いしました。彼はわたしの出した三つの条件……

• 朝日が出たら灯りはつけない
• 夏は戸を開け扇風機を使わない
• 天気のよい冬の日はストーブをたかない
を満たす、理想的なものを建ててくれました。丸善に入るドイツの建築雑誌に店のことが半頁載りました。日本では初めてのことだそうです。

月に二、三回は映画の撮影にも使われました。三時になるときまって中庭にやってくる帝国ホテルの外人さんもいました。映画人、画家。音楽家の巣になったようでした。

中西利雄先生の案でクラブ室にはグランドピアノをはじめ、あらゆる楽器がそろいました。二階がアトリエです。恋も芽生えたし二組の結婚式もあげられました。

当時十銭のコーヒーが飲めず、六銭、七銭分いれてよと言っていた（今は立派な芸術家の）たまご達の顔が今も目に浮かびます。

須磨子先生が私の胸に蒔いたひと言の種。芽が出て花咲いたといえましょう。夢は育むものですね。

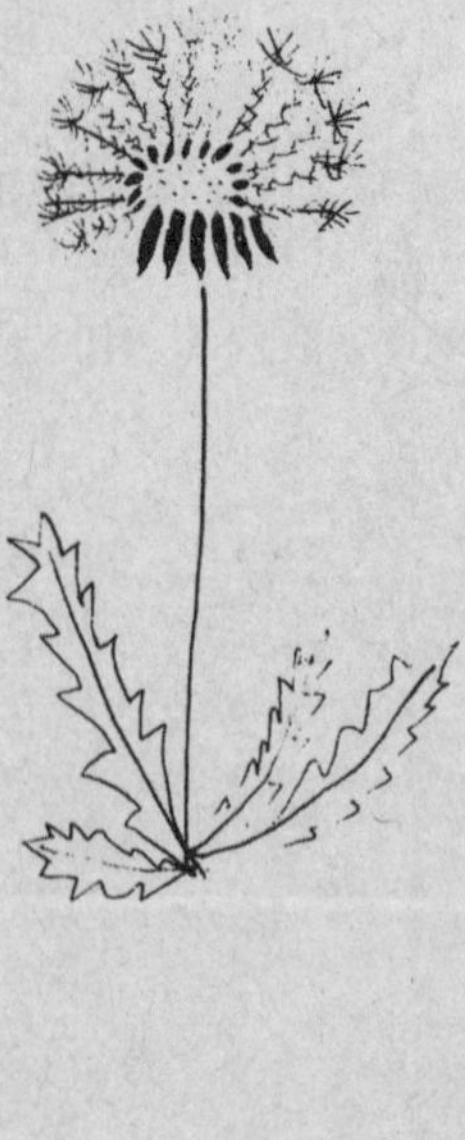

♣深尾須磨子（ふかおすまこ）
1888〜1974年　兵庫県生まれ。詩人。与謝野晶子に師事。第二期『明星』に参加。戦後は、平和運動、婦人運動にも尽力する。詩集に『真紅の溜息』など。

♣荻野綾子（おぎのあやこ）
1898〜1944年　福岡県生まれ。声楽家。1919年東京音楽学校本科声楽科を卒業後、深尾須磨子とともにフランスに留学。帰国後、日本にはじめてフランス歌曲をもたらした。まぼろしの歌姫とも称されている。

♣中西利雄（なかにしとしお）
1900〜1948年　東京生まれ。洋画家。東京美術学校洋画科卒業。1928年フランスへ渡る。帰国後、小磯良平、猪熊弦一郎らとともに、新制作協会を結成。水彩画の表現に新生面を拓いた。

## 黒とまっ黒の違いがわかる男

50年前の話です。

服やの職人さんに、

「黒とまっ黒との違いがわかりますか」と聞かれました。首をかしげていると、彼は英国の古き良き時代の黒の一級品服地を出してきて、手許の黒地と比べてみなさいと言うのです。

言われたものの、わたしには全く区別がつきません。

「じゃ　拡大鏡で見てください」

のぞいてみると、まっ黒の生地には目に見えないほどの細かい純白の毛が織りこまれているではありませんか。

この補色が黒を一層引き立てていたのです。

白の輝きこそ、色のはじまり

これは大発見でした。わたしには。

この黒生地は英国でも貴族しか使えなかったとか。もう手に入らないので皇室用に残してあると話してくれました。

次にある生地を見せてくれて、彼はやおらその折り目に鉛筆でブスブスと穴をあけたのです。何をする気かと驚きましたが、鉛筆を抜くと、一寸角の中の織目は整然ともとにもどりました。

「働く人間は身のこなしが楽でないと

疲れますからこんな服地で作るんです」

と聞いてなるほどなあーと。礼服につぐ良い生地とのことでした。

話しているうちに、わたしは彼ならと思い、こう尋ねてみました。

「枯れ草の匂うホームスパン地はありますか」

彼は即座にわたしのお目当てのものを出して来てくれました。わたしの冬服地は草の匂いのするホームスパンだけと決めていたのですが、これがなかなかなくて往生していたのです。

この服地の草の匂いは何年たとうと洗濯しようと抜けません。不思議でたまらなかった。彼に聞いたら、たちどころにそこの高原の牧草を食べた羊の毛ですと答えが返ってきました。

店の棚の上には当時、丸善でしか手に入らなかったフランスの高価な雑誌「アダム」が積まれていました。英国生地以外はハサミを入れたことがないというこの男、根っからの服職人なのでしょう。

そもそもこの服やは、上野のさびしい裏通りにあり、狭い軒下にはマロニエの木が五本、その間に今ならさしずめトーテムポールと呼ぶんでしょうか。土人の顔を彫った大きな柱が立っていたので、たいそう人目をひきました。

しかも看板には「中等洋服店」と書いてあるのです。どの店だって高等洋服店と看板を出す時代なのにね。

わたしはこの店で彼に自転車用のズボンを作ってもらいました。英国のグレーのフラノ地です。実にいい。ボタンと生地の調和が実にいい。予備のボタンを下さいというと、

「必要ありませんよ。ひざが抜けるまでボタンは落ちませんから」

とのこと。確かに四年たってひざ頭が薄くなってきても、ボタンはびくともしませんでした。ボタン糸から自家製だと言っていました。角のボタンの多いこと、服の作り方を実によく研究していること、驚くばかり。自分の責任で服を作る男です。

以来、わたしは服を作るならこの店でと決めています。

職人の名は上口愚郎。書もよし、俳句もよし、小庭の池の側に炉があり壺に気品があり一流品であった。一木一草の配置がみごとでした。

生涯流行服は作らず一年草だから伝統ある長持ちするものだけ。金貯めるのも名人の域。東京中にないものばかり集めていた。

♣上口愚郎（かみぐちぐろう）
1892〜1970年 東京生まれ。本名は作次郎。宮内庁御用達の大谷洋服店で奉公後、26歳で独立。日本一のテーラーに。やがて、作陶に魅せられ、窯を築き、陶芸家として取り上げられるようになる。自らを「不要無名文化財」と名乗った。陶芸界の奇才。

## リンゴ畑のフジタさん
### ——レオナール・フジタ

第二次世界大戦のときは、パリでも食糧難になりました。藤田嗣治先生と猪熊弦一郎先生が、パリ郊外へ連れ立って写生に出かけ、偶然リンゴ畑を見つけました。身体の大きい藤田先生が猪熊先生を肩車してリンゴを失敬していると、そこへお百姓さんがまわってきました。

おっとこりゃまずい、猪熊先生あわてて肩からずり落ちる。としたところがこのフランス人のお百姓さんは、

「もっととりなさい。ポケットいっぱいに詰めて、お腹いっぱいにしなさい」

と言ってくれたというのです。異国の、しかも敵国の画家にこの親切とはと、お二人の口からよくこの話を伺ったものです。

さて、お次は戦時中の日本、長野でのこと。家内が店の女の子と二人で買い出しに出かけました。リンゴ畑で日本のお百姓さんに、拝むように頼んでやっと売ってもらいました。それもこちらからのお土産持参のプレミア付きで。

帰り道にもまた、リンゴ畑がありました。少し分けてもらえないかと園主に会いに行くと、その人の返事はこう

でした。

「私は朝鮮人ですが、困ったときは助け合い、できるだけお売りします」

さっきの園主とは比べものにならない温かいもてなしに感激して家内は戻りました。

「先にやったお土産の半分をせめてあの人にあげたかったわ」

と言いながら、リュックいっぱいの真っ赤なリンゴを子供たちの前に並べたのでした。

平和なとき、波風のないとき、人の本心は中々見えません。

非常時になって初めて分かる。人の親切も真心も。人間に国境はありません。人の足元を見るような商売だけはしたくないのです。

与謝野晶子先生が、

「あなたは学問はないけれど、良心と勇気があるからきっと良い仕事ができるよ」

と言ってくださいました。そんな取り柄があるのなら、それを死ぬまでなくさずに仕事をしてゆきたいと思うのです。

♣猪熊弦一郎〔いのくまげんいちろう〕
1902〜1993年　香川県生まれ。洋画家。東京美術学校西洋画科に入学し藤島武二に師事。1938年から40年アンリ・マティスに学ぶ。三越の包装紙『華ひらく』をデザイン。

♣藤田嗣治〔ふじたつぐはる〕
1886〜1968年　東京生まれ。洋画家・彫刻家。別名レオナール・フジタ　東京美術学校西洋画科卒業後、渡仏。戦前よりパリで活躍。日本画の技法を油彩画に取り入れた『乳白色の肌』と呼ばれた裸婦像が絶賛を浴びる。第二次世界大戦中は、帰国し、祖国への貢献として戦争画を制作。戦後再び渡仏。レジオン・ドヌール勲章受章する、エコール・ド・パリを代表する画家。

♣与謝野晶子〔よさのあきこ〕
1878〜1942年　堺市生まれ。日本の歌人であり作家。『明星』の主宰者である与謝野鉄幹と結婚。代表作は『みだれ髪』古典に造詣が深く源氏物語の現代語訳では独自の見解を示した。

## ひまわり畠のまんなかで
## ——猪熊弦一郎先生

猪熊弦一郎先生が美術学校一年生のときです。夏休みで田舎に帰ると、麦畑だった家のまわりが、ひまわりの花畑にかわっていました。少年の目にひまわりは、まるで炎のようでした。

「父さん、どうして麦畑はやめてしまったの？」

「ひまわりで世界的に有名になった絵描きがいるというじゃないか」

父さんの言葉に少年の目は熱くなり

ました。親バカと笑わば笑え。そのとき彼は心を決めたのです。
「よしっ、世紀の画家になってみせる」と。
まぶしい夏の、燃えるひまわり畑での出来事でありました。

## 中村研一さんのおもてなし

永井さん（永井荷風さん）といえば雑誌記者嫌いで有名でした。それがなぜかわたしを気に入ってくれて、

「裏木戸のクギ一本はずしていつでも好きな時に入ってこい」

とフリーパスを与えてくれました。荷風さんの奥さんは踊りの師匠さんでした。とても気持ちのいいすてきなひとでしたよ。わたしの侵入をいつも快く迎えてくれました。

他にお二方ほどフリーパスのお宅がありました。岡田三郎助先生のお宅と中村研一さんのお宅。中村さんは光風会きっての伊達者と言われたひとですが、いつお宅へ伺ってもドアのノブがぴっかぴか。

「女中さん、よく磨きますね」

と感心したら、

「女中じゃない、俺が磨いてんだよ」

中村さんとこではお皿もひとに洗わせないそうです。暮らしの道具をひとつひとつ大切になさる方なのですね。

食事してゆけと出してくださる食器がまたすばらしい。それを惜しげなく毎日使う。銀のフォーク、スプーンで毎日食べる。

そこから物を愛おしむ心、ノブを磨く気持ちのゆとりも生まれてくるのでしょう。

戦時中、アトリエにいい壺が五つ並んでいて、よく見ると薄いブリキのフタがかぶせてあります。不審がっていたら、

「我が家の食糧庫さ。カンピョーやキノコがはいっているんだ。どんないい壺だって飾りものじゃくだらない」

と。

戦争が終わってから小金井のお宅を訪ねたことがあります。何年ぶりかの再会で、早々においとまのつもりが、ついつい腰が重くなりお昼時になりました。奥様がお留守の時だし、ご迷惑ではと帰ろうとするわたしに、

「待て待て、ごはんが茶碗に半杯あるから俺がそれをおかゆにしてやる」

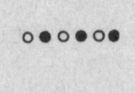

そこへ配給の杏の実を七個届けてきた。中村さんとわたしはお茶碗に半分のごはんを半分こしてお昼にしたのでした。わたしのには杏の実が四個、一つ余計にはいっていました。

今でも心に残るおいしいごちそうでした。相手に何の負担も感じさせない。これこそひとをもてなす心だと教えられたのです。

♣中村研一〔なかむらけんいち〕
１８９５～１９６７年　福岡県生まれ。洋画家。東京美術学校卒。岡田三郎助に師事。戦時中は、戦争画の名作といわれる『コタ・バル』などを描く。

♣永井荷風〔ながいかふう〕
１８７９～１９５９年　東京生まれ。小説家。米仏に留学後、『あめりか物語』を発表。慶應大学教授に就任後も『三田文学』を編集。耽美派の中心的存在。

♣岡田三郎助〔おかださぶろうすけ〕
１８６９～１９３９年　佐賀県生まれ。洋画家。黒田清輝らの影響を受け、白馬会の創立に参加。新設、東京美術学校西洋画科の教壇に立ち、のちに教授に。文展の中心として活躍。

## 芸術家のパトロン
## ——薩摩治郎八さん

日本一の木綿問屋の三代目、十八歳でオックスフォード、二十歳でソルボンヌに学んだ治郎八さんの最大の業績は何といってもパリに日本学生会館を作ったことでしょう。

ピエール・サルドウの設計は日本の遊郭をしのばせるもので、二階正面には藤田嗣治の120号の御夫妻の肖像画が飾られました。

二十六歳の若さで、フランス最高の勲章レジオン・ドヌールをいただいたのも稀なこと。ジャン・コクトオやレィモン・ラディゲを友とし、マリー・ローランサンのモデルに熱をあげたこともありました。

フランス駐在大使となった治郎八さんの結婚式にはポール・クローデルがスピーチをし、花嫁を純銀のクライスラーに乗せ、シャンゼリゼを突っ走ったカップルというのでパリ中の評判をよんだほどです。

戦後に帰国して文筆活動に入りました。原稿料の小切手は出るのがいつも土曜日。銀行がしまっているものだから毎回、月光荘私設銀行にみえては小切手をとりかえてゆかれたものでした。

治郎八さんに、人間の幸福って何で

しょうかと尋ねたら、

「一番の幸福者はお前だよ。家から店まで誰にも押されずに着ける（この頃、わたしは銀座の店のとなりに住んでいたのです）。夕方になりゃ家族が待っていてそろって食卓を囲む。明日働けばまた食ってゆけるという不安のない暮らし、これはそのまま江戸時代の職人と同じじゃないか」

と言われました。紋を染め抜いたハッピと自分の腕だけが自慢の職人の生き方こそ最高だとおっしゃる方でした。

治郎八さんの定宿は浅草、真夜中近くにかかってくる電話はいつもこの方からの、

「でておいでよ、荷風君とべっぴんさんだけだよ」

というお誘い電話。パリの美人踊り子、エドモンド・ギーを愛した治郎八さんはその踊り方まで詳しく話してきかすので、浅草座の踊り子たちは舞台がはねるときまってお宿へ集まってくるのでした。

荷風さんと治郎八さんは、

「べっぴんさんと遊ばんと男は勇気がでんものだ」

とか言って、踊り子たちと一緒に風呂へはいったり、丼物とって食ったり、そんなおおらかな時代も今は遠い想い出です。

**79年6月14日　NHKのお話から**

日本学生会館は今の金で30億だそうです。今日の宿泊料は200円ですって。日本の誇りでしょう。金を永遠に活かした男。木綿問屋はつぶしても金の根まで枯らさなかった偉大なる男。歴史に残る男。

第二次世界大戦で、日本人は全部パリを退去させられました。その時薩摩さんは日本学生会館をパリ市に寄贈されたのです。他の人たちは一時商館を閉鎖して、戦争が終わったら戻るつもりでした。

ところが戦争相手国の物は一切没収されるのが国際法だそうです。

戦後パリ市から薩摩さんに無償で返還されて、再び日本学生会館とよばれるようになったのです。画家たちは昔も今も厄介になっているそうです。

♣日本学生会館は、現在の正式名称を「パリ国際大学都市 日本館―薩摩財団」といいます。入居資格や料金なども変更されています。

♣薩摩治郎八〔さつまじろはち〕
1901〜1976年　東京生まれ。著述家。1918年に渡英。オックスフォード大学に学び、のちパリに。社交界の花形で藤田嗣治など芸術家を支援。レジオン・ドヌール勲章を授かる。第二次世界大戦後、無一文で帰国し、随筆家に。

## マッカーサーと契約する

第二次世界大戦の記録絵はすべて月光荘軍納エノグで描かれています。スターリンの肖像画を佐藤忠良先生は抑留中のソ連で、ノルマで何千枚も描かれたそうです。あげくのはて目をつぶっても描けると。そのエノグは満州で没収した月光荘軍納エノグであったそうです。

戦争絵画はアメリカへ移送されることになりました。そこでGHQが修理用エノグが必要になったのです。

「エノグならお国にありましょうに」

と申し上げると、マッカーサー元帥が、

「この大戦下でエノグを作っていたのは世界中でひとりだけだった。君はヒーローだ」

と手をさしのべられ、契約しました。

GHQのケーディス大佐がじきじきに店へ少尉と二世の日本人軍人を伴なってこられました。おやじが、

「支払いは店へお持ちください」

とこちらの習慣を言うと、従者たちの目に一瞬殺気が走りました。敗者が何を生意気言うかと。

けれど大佐は、

「そんな店も一軒ぐらいあっても良いだろう」

と私の主張を通してくださった。

「郷に入れば郷に従え」

国は占領できても、伝統の職人魂まではできないことを大佐はわかってくだされたのでした。そして大佐は職人との取引の仕方をその日のうちにアメリカ軍全部の民生部長へ伝えられたと、横須賀海軍基地の民生部長マット氏から伺いました。

後日エノグを取りに来られた二世の軍人が、

「日本のことわざを知らんので通訳ができず、今撃たれるか、今かとおどおどするだけだった。このショート劇を二世のみんなにするのだ」

と言われた。

ケーディス大佐は帰国の際に、

「日本でできたたったひとりの友達が君だよ」

とおわかれにおいでになりました。再会を約し固くその手を握りしめました。

第二次大戦前は英仏エノグの独走でしたが、戦争で炉の火は落ちました。月光荘が光を落とさなかったのは、情熱の炎があったからです。ひたすら純度を求めて駆けつづけた。

工業用顔料は油エノグ用のような純度や、油との馴染みに関係なく、大量の用途があります。油エノグは雀の涙ほどで自家炉を持つほかありませんからなお大変でした。

## アトリエの油の匂い
### ――エノケンこと榎本健一

今は亡きエノケンの思い出話をひとつ。エノケンが舞台で絵描きを演じることになり、猪熊先生と月光荘オヤジは、初日を見に来てくださいと言われて出かけました。終わるなりエノケンが舞台の出来具合を聞きにきました。

「うまいにはうまいが何かもうひとつ、しっくりこんな。絵描きの目からすると、絵の具や油の匂いがしないんだ。エノケンはアトリエのぞいたことがないものね」

と猪熊先生。


エノケンが先生のアトリエに飛んでいったのは、その次の日だったという話です。それから楽の日まで、エノケンの絵描きの腕が、いやお世辞じゃない、グンと上がったと。

喜劇王と呼ばれたのも、その芸熱心さのゆえ。何でも実際にする、しないで、結果に差が出ます。頭や理屈じゃない、まず始めてみなくっちゃ、あなたも。

♣榎本健一〔えのもとけんいち〕
1904～1970年　東京生まれ。俳優、歌手、コメディアン。浅草で人気を得て、エノケンの愛称で広く全国に知られる日本の喜劇王。

## 花森安治さんを悼む

いつだったか大声で、

「日本一の女たらしいるか」

と言いながら店にはいってくる花森さんでした。『暮しの手帖』を始めるとのこと、編集室の若い女性、八人が八人とも申しあわせたように月光荘ブックを使っている。

なぜだろうと一人ずつに聞いてみると異口同音に、

「書きやすいもの」

「仲間もみんなここのを使うのよ」

「持ってるってことが自慢なの」

という答えが返ってきたそうです。

その頃に、

〝スケッチブック野郎〟

「どこの街角や駅前広場でも、若者達がかかえているスケッチブック、赤・黄・緑・藍・紫・黒、月光荘が生んだ新風画」(婦人画報)

日本女子大生はノート代わりにみんな使っていた。

「おやじさん、この『手帖』もそんな風に日本中の家庭にはいっていってほしいね。一切、広告をとらないで、その代わり、雑誌で商品をテストするんだよ」

フランスのル・モンド紙は広告のない新聞、広告を載せた商品が悪かった

ら新聞社も責任を負うべきという考えを社長さんが持っているという。それを想いだしながら、

「花森さん、あなたならきっとやれる、うってつけの雑誌だ」

世のためにと。彼の手を握り、互いに励ましあったのでした。

去年の『手帖』に、

「女性の服は単純な仕立てにまさる物はない」

とありました。みんながこれを実行すれば、女の子はもっときれいに見えるのにね。おやじからは、自然の花はみんな単色、どんな人工もかなわない、夏は淡く冬は濃く。「単色にまさる美はなし」というのを次に出してくださいと、たのんでいたというのに、梅の花がこれからという一月の東京で、彼は一足先に天の川のかぐや姫のもとへ行ってしまいました。

良いものは良い、悪いものは悪いと、はっきり言える男、自分の良心をごまかさない男、日本の希少価値がまたひとつ、消えたのです。

月世界の花森さん、時々は降りてきて月光荘新聞の批評もしておくれ。うちのエノグはいつテストをされてもこわくはないぞ。

♣花森安治〔はなもりやすじ〕
1911〜1978年　兵庫県生まれ。編集者、ジャーナリスト。東京大学美学科卒。『美しい暮らしの手帖』を創刊。のちに商品テストなど消費者の立場から、一人一人の暮らしを大切にする雑誌『暮しの手帖』を編集。

## 海を渡った筆洗い器
### ——猪熊先生からピカソまで

猪熊弦一郎先生のアトリエいっぱいに広げられた新聞の上に、汚れた筆洗油の入った器と、洗ったばかりの筆が並べられていました。

私が、

「こんな汚れた油ではきれいにならんでしょ？」

と聞くと、油がもったいないからとの返事。先生は、

「器の底にこびりついた絵の具を剥がすのに半日かかるし、使いかけの筆をそばに置くと、互いにくっつき合うのが悩みのタネだ」

とも言いました。オヤジはその日、筆洗油の汚れない方法と、筆同士がキッスしない方法とを宿題にして帰りました。

筆洗い器を二重底にすれば、絵の具カスだけが下に落ちて、油は汚れづらいことに気がつきました。

さらに一年ほどして映画を観ていたとき、それは手術のシーンだったのですが、湯気の立っている筒にラセンが張ってあって、そこにメスを次々に差し込んでいるのを見てピンときた。

これを筆に置きかえれば一石三鳥と、ブリキ屋に見本を注文。3年間に渡り

何度となく試作品を作らせたが、これもダメ、あれも不満。とうとうブリキ屋から、

「勘弁してくれ。もう金銭じゃない。私の脳ミソはこれ以上カラクならんので」

と断られる始末。

画箱職人と共にやっと満足のいく物を手にできたのは5年目。猪熊先生のところに走ったら、

「こんなのが欲しかった。絵になる」

と一言。いっぺんに苦労が吹っ飛びました。やがて特許がおりました。

これを国沢和衛さんが、パリにいた藤田嗣治先生に持って行ったら、

「見ているだけでも楽しいよ。オヤジは今でも考え続けているのかい」

と。そして同じくパリの関口俊吾さんがピカソを訪ねたら、ピカソが言いましたと。

「日本の画家はいいな。便利なものがあって」

ふたに刻まれたホルンが何とも懐かしかったよと、関口さんが言いました。

♣国沢和衛（くにさわかずえ）
1902〜1983年　洋画家。

♣関口俊吾（せきぐちしゅんご）
1911〜2002年　兵庫県生まれ。洋画家。1951年に再渡仏してから、フランス在住。フランスの三大展などで受賞。なかでも最高峰の「サロン・ドートンヌ審査評議委員」を務めるなど、パリ画壇に偉大な功績を残した巨匠。

## 30年前のスケッチ旅行で
## ――高峰秀子さん

第一回写生旅行にお供したときのことです。

描いている女優さん達のうしろで猪熊弦一郎先生はふと足を止めて、「あんた達、何をやってるの？　描くより絵の具を一回ずつ出してる時間の方が長いじゃないの。親指でグングン強く盛り上げて、一気に描くんだよ。ケチケチしてはダメだな、殿様にならなくっちゃ。パレットでこね回すと色が濁るから、太い筆にたっぷり含ませて、目的の色になるまで何回もキャンバスに色を重ねることだよ」

「初めにそう教えてくれなかったじゃない！　残った絵の具はどうするの？」

と女優さん達。捨ててパレットをいつもきれいにしておくことと答えたら、高峰秀子さんが、

「それじゃあ、月光荘を儲けさせるだけじゃない！」

これにはみんなが大笑いでした。

「私は六割の絵の具は捨てている。五割使えてはじめて先生と呼ばれる時です」

と猪熊先生はおっしゃいました。

♣高峰秀子（たかみねひでこ）
1924～2010年　北海道生まれ。女優、歌手、エッセイスト。愛称は「デコちゃん」。戦前、戦後を通じて子役から大人の女優へ。半世紀にわたり日本映画界で活躍。

## 日の出も絵の具も一期一会
### ——藤島武二先生

日の出前に画架を立て、パレットに絵の具を盛り上げ、「さぁ、いつでもこい」と波打ち際に陣取られたのは藤島武二先生。太陽がちらっとでものぞこうものなら、先生はまるで阿修羅のよう。

なにしろ日の出を描けるのは10分そこそこだから。次の日も、次の日も、またその次の日も、同じ場所に日の出の輝きを求めて根の限り。

先生はその都度パレットをきれいに拭き取られるので、お供が思わず聞きました。

「明日も同じ色なら使えるでしょうに」

先生はキッパリと、

「一日空気にさらされると色の新鮮さは死んでしまうのだよ」

と。その日の日の出の作品は、今も世に残る名画となりました。

♣藤島武二（ふじしまたけじ）
1867〜1943年 鹿児島県生まれ。洋画家。渡欧ののち、東京美術学校で教授となり、明治末から昭和期にかけて、指導的役割を果たしてきた。文化勲章受章。

## 一銭もまけない
### ――斎藤紅一先生

斎藤紅一先生はかれこれ50年、月光荘で絵の具を買ってくださっていますが、そのことをお弟子さん達に話したら、

「先生の名刺を見せれば、いくら引いてもらえるのでしょう?」

と聞かれたので、それ以来、一切人には紹介しないと決められたそうです。オヤジから一度だって「一銭まけときましたよ」の類いは言われたことがない。だから安心してこの店で買うことができるのだと。

この話で思い出したのは、初代の新宿・中村屋さんが、

「お客さんに二つの値段があってはならんぞ」

と言われた言葉です。一銭もまけないというのは、すなわちそういうことだと思うのです。

♣齋藤紅一（さいとうこういち）
1907〜1996年　洋画家。

## 画家への贈りもの

1960年世界で初めて明るい紫色、高貴なゲッコーソー・ピンクを発明しました。まさに夕映えに照り輝く不滅の茜色。画家たちへの最高の贈り物となりました。

「私は紫色が大好きですから今までずいぶん不自由な思いをしましたが、こんなに美しい紫を月光荘のおやじさんが作ってくれたので大喜びです。ゲッコーソー・ピンクは実に明るくてキャンバスに近代の色を与えてくれましたよ」

と、猪熊弦一郎先生。のちに慶応大

学の図書館や上野駅の大壁画を描かれました。そうそう、それにパリの荻須高徳先生からは、
「フランスなら早速レジオン・ドヌールですね」
なんていう嬉しいお便りもいただきました。さすが色の国フランスからのお言葉ね。１９６７年ケネディ大統領の肖像画40Fはライシャワー大使の指示で吉原甲蔵先生が月光荘エノグで描かれケネディ図書館に納まりました。

♣荻須高徳（おぎすたかのり）
１９０１～１９８６年　愛知県生まれ。洋画家。東京美術学校卒業後、フランスに留学。もっともフランス的な日本人と評されるほどヨーロッパで支持された画家。シュバリエ・ド・レジオン・ドヌール勲章を授与される。

♣吉原甲蔵（よしはらこうぞう）
１８９９～１９７１年　佐賀県生まれ。洋画家。

♣レジオン・ドヌール勲章
文化、軍事面での功労者に与えられるフランス最高の名誉とされる勲章。

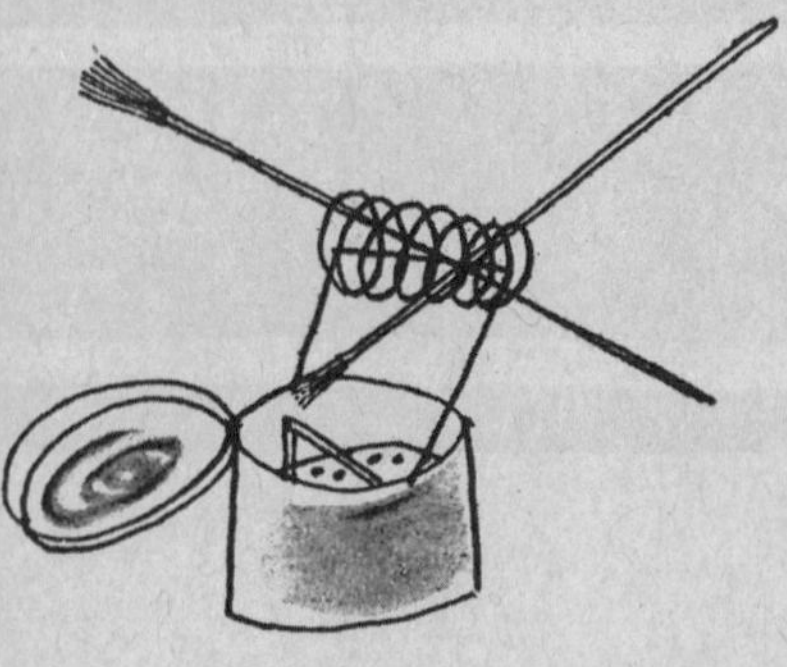

## 蘭に花咲くゲッコーソー・ピンク
### ——平賀亀祐先生

フランス人以外で初めて「ル・サロン」で金賞を受賞し、同年フランス政府より芸術文化勲章を贈られた平賀亀祐先生。かなり以前に北海道の帯広で、鮭が産卵をしに川を上ってくるところを描こうとなさったことがあります。

それはまったく今まで目にしたことのない光景でした。信じられないことですが、川が紫色なのです。群れをなし、ひしめき合って上流を目指す鮭の背中が、その時だけ言い表しがたい紫色に見えるのをご存じなかった先生は、あわてて月光荘に駆け込むと、ゲッコーソー・ピンクをあるだけ4本買い占めました。

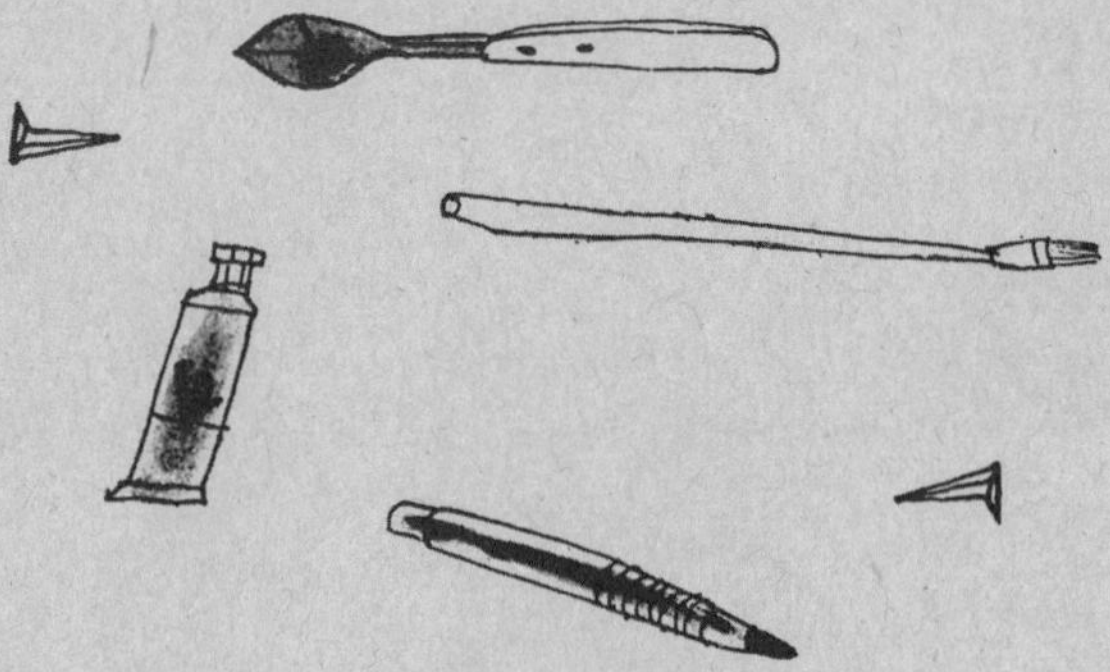

その時の川の色はまさしく、絵の具そのままのバイオレットだったと。その絵は皇太子さんがお買い上げになりました。

ゲッコーソー・ピンクは一言で言えば気品高き蘭（オーキッド）の色。それに気付かせくださったのもやはり平賀先生でした。

「蘭」の絵を描くのに他の色を一切混ぜずに、この絵の具だけで描けたから色がみずみずしく、おかげで生きている花が描けたよとおっしゃるのです。

ゲッコーソー・ピンクは月光荘の秘蔵っ子。同時に絵の具職人の誇りです。

♣平賀亀祐（ひらがかめすけ）
1889〜1971年　三重県生まれ。洋画家。渡米し、カリフォルニア大学美術科で学ぶ。のち渡仏。明快な色彩と、対象の質感を表す、写実派の画家として成功を収める。

## 「ねむの木」に置かれたテーブル

1979年4月、ねむの木学園の美術館と図書館がオープンしました。お祝いかたがた早速でかけてゆくと、すばらしい大きな虹のアーチにまず迎えられました。壁一面に描かれた七色の虹の橋、これを見ただけでもまり子さんの、こどもたちに寄せる想いが伝わるようです。

図書館のために注文をうけてお届けした月光荘の厚板楕円のテーブルと椅子が部屋に置かれてあったのです。一目見てウーンとうなりました。

何も塗っていない素肌そのものの木のテーブルが、これまた素肌の木の床に置かれ、何とも素朴で品よく調和している……。

するとまり子さんが言いました。

「テーブルが白木だからそれにあわせて床もニスなんか塗んない。じゅうたんも敷かないの」

それを聞いて、おやじは心底うれしかったよ。

ふとテーブルの上を見ると、そこにはお祝いにさしあげたガラスの灰皿が載っていました。タバコの吸い殻の代わりに赤い花が二輪、水に浮かんでいました。テーブルも灰皿もそれを使う人の心によって「生かされ」るんだなあ、と教えられたことでした。

そういえばまり子さん、いつだったか店にエノグをわんさと買いに来られたね。何に使うのと聞いたら、

「プールを作っているから、その底のコンクリートに皆で絵を描こうと思って」

ねむの木のこどもたちが描いた絵は、日本だけでなく外国へも旅をして、人々の心に感動の波紋を与えました。

その一つ一つの作品の中に、月光荘エノグもまた「生かされ」て生きています。

♣宮城まりこ〔みやぎまりこ〕
1927年　東京生まれ。女優。戦前から少女歌手として活躍。1968年私費で肢体不自由児の養護施設「ねむの木学園」を開設。1979年「ねむの木養護学校」と改組。

**私の好きな色**
**——いわさきちひろさん**

「もも色をいつ頃から好きだったか、覚えていない。私の持っていたクレョンはみんな、もも色がいちばん小さくなっていた。もも色の次は藤色、そして淡い水色…。少女雑誌の口絵なんかでローランサンの絵を見たときは本当に驚いた。どうしてこの人は私の好きな色ばかりで、こんなにやさしい絵が描けるのだろうか」

そうオヤジに話してくれた。

ローランサンに胸をときめかせた少女は、のちに自分がもっともっと沢山の少女の心を揺さぶる絵を描くようになるとは思ってもみなかったのです。

少女の名前は——いわさきちひろ。

♣いわさきちひろ
1918〜1974年　福井県生まれ。水彩画で子どもを描く日本の画家、絵本作家。「子どもの幸せと平和」を創作のテーマとした。絵を岡田三郎助、中谷泰、丸木俊に師事。

## 京都の壺つくりさん

ずいぶん昔のことになります。

京都からのお客さんが時おり、自分でこさえたんだよといって皿やら茶碗やら、おやじのところに置いてゆかれました。

棚に飾っておくと絵描きさんが目をつけて、どうしても、どうしてもと言うのでやった覚えがあります。

さて、ある日、京都のそのひとがみえて、

「文化勲章と年金をことわってきたよ。壺ひねってりゃ、まんま食えるもの」

と話されるので、

「あんた、そんな偉い人だったの」

とおやじはびっくり。

河井寛次郎さんがその人でした。

「どういうのがいい壺なの？」

と尋ねたことがあります。

「いちばん平凡な形、白一色のもの、絵入りのは、うまくできないときのごまかしなんだよ」

との答えが返ってきました。嬉しかった。

おやじの美に対する気持ちと同じだったからです。

♣河井寛次郎〔かわいかんじろう〕

１８９０～１９６６年　島根県生まれ。陶芸家。京都五条に鐘渓窯を築き、陶芸一筋に生きた。柳宗悦、濱田庄司らの民芸運動に参加し、「用の美」を追求した。重厚・素朴な作風。

## 「この広い野原いっぱい」とドド

ドドという愛称で呼ばれる手芸家の小薗江圭子さん。

その当時はまだ日本女子大の学生さんでした。手先が器用で動物のぬいぐるみを作っては店に持ってきてくれます。

その中の猫のぬいぐるみに興味を持ったのは黒沢さんという銀座の黒沢タイプライターの社長さんでした。この人は音楽が好きで、月光荘の前を通りかかったらホルンのマークがあるんで楽器屋さんかしらんと足を踏み入れ、オタマジャクシの代わりにドドの作った猫を見つけたというわけです。

猫の表情になんとも味があるので黒沢さんがそれをショーウィンドウに飾ったところ、お客さんが何人も店に来て、

「あの猫をくれ」

「どこであの猫買えますか」

と聞くんだそうです。評判になってドドは毎月一回、新作ぬいぐるみをタイプライター屋さんのウィンドウに飾ることになりました。手芸家ドドの出発点です。

ドドはまた詩も書きました。

「この広い野原いっぱい咲く花を……」という詩をくれたので月光荘のスケッチブックに印刷しておいたら、い

つのまにかレコード会社の目にとまり、森山良子さんの歌う「この広い野原いっぱい」となって町に流れるようになりました。今も時折ドドは、店にやってきます。ドドの書いた『モザイクの馬』という童話の頁をめくる度、不思議なやさしい手ざわりを持つドドのぬいぐるみ達をなぜか想いださずにいられません。

ぬいぐるみの本が出た時、書評は「詩集のようだ」と。

♣小薗江圭子（おそのえけいこ）
1935〜2011年　東京生まれ。日本女子大学在学中からぬいぐるみ作家として注目される。「この広い野原いっぱい」の作詞者でもある。童話作家、イラストレーター、エッセイストとしても活躍。

## 筆の花
### ——岡田三郎助先生

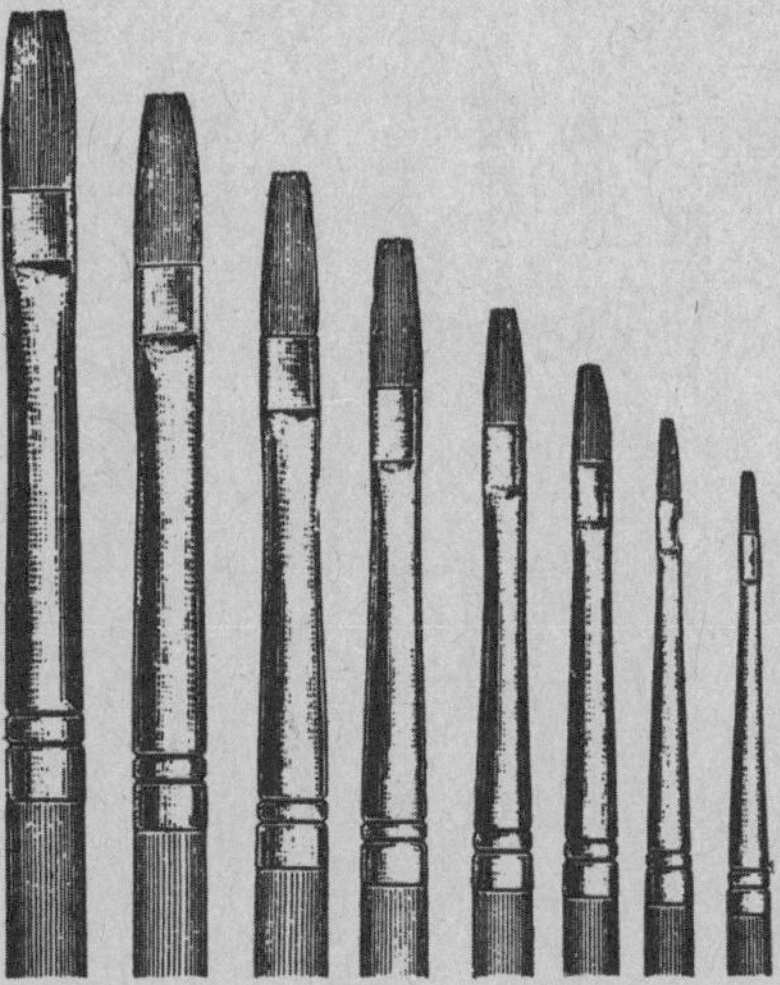

岡田三郎助先生ときたら、まったく筆に目がありません。月光荘が伊勢丹の裏通り時代、お昼頃みえて、筆選びを始められた。2時に藤島武二先生や文部省のお役人との会合がある由。

ところが冷たくなったコーヒーをすすりつつ、筆を一本一本ぬらして吟味する先生には、恋人とのデートだろうが、お上の御用だろうが眼中にないのです。矢のような催促電話が入っても

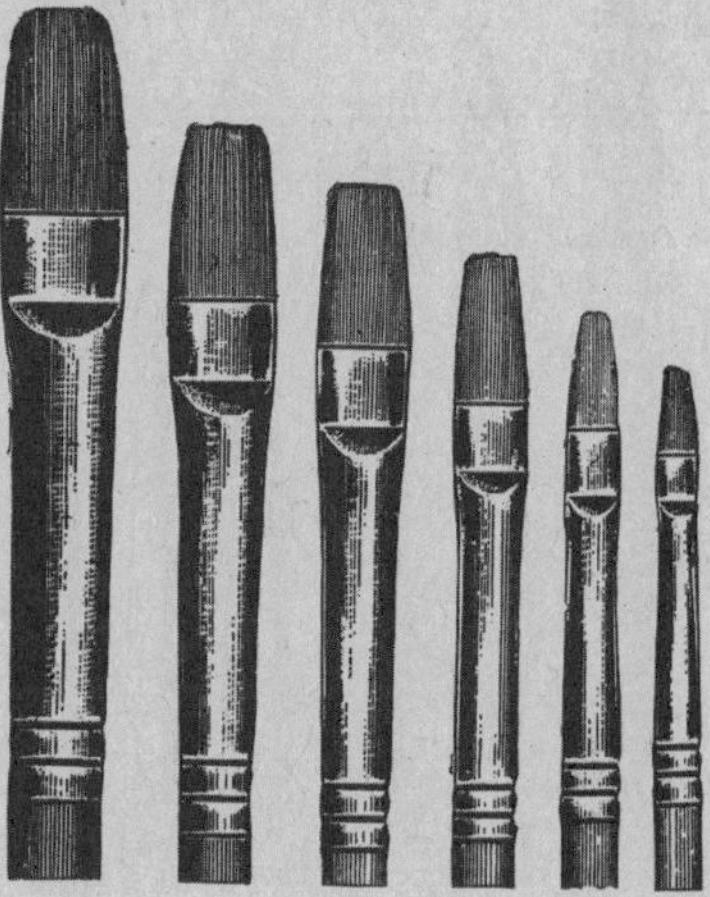

目は筆に釘づけ。

とうとう夕暮れ時、一束の筆をかかえた先生、そりゃもう、うれしそうな笑みをうかべて帰っていかれました。

大久保病院で療養中の頃、先生は看護婦さんの看視つきで、よく店にみえました。筆を手にしたら最後、先生は足に根がはえる。門限がすぎて、看護婦さんは、

「院長先生にしかられます！」

とオロオロ。先生は、「ウンウン」とカラ返事。おやじはハラハラのしどうしでした。

先生のアトリエには、いつも筆の花が咲いていました。何十本という白い軸、白い毛の絵筆が、あちこちの白い壺の中いっぱいにさしてあるのです。どの筆もシミひとつなく洗いあげられて。

まるでそれは見事に咲き誇る白い筆の花束でした。永遠に残るカラリストの作品を描いた、筆の花でありました。

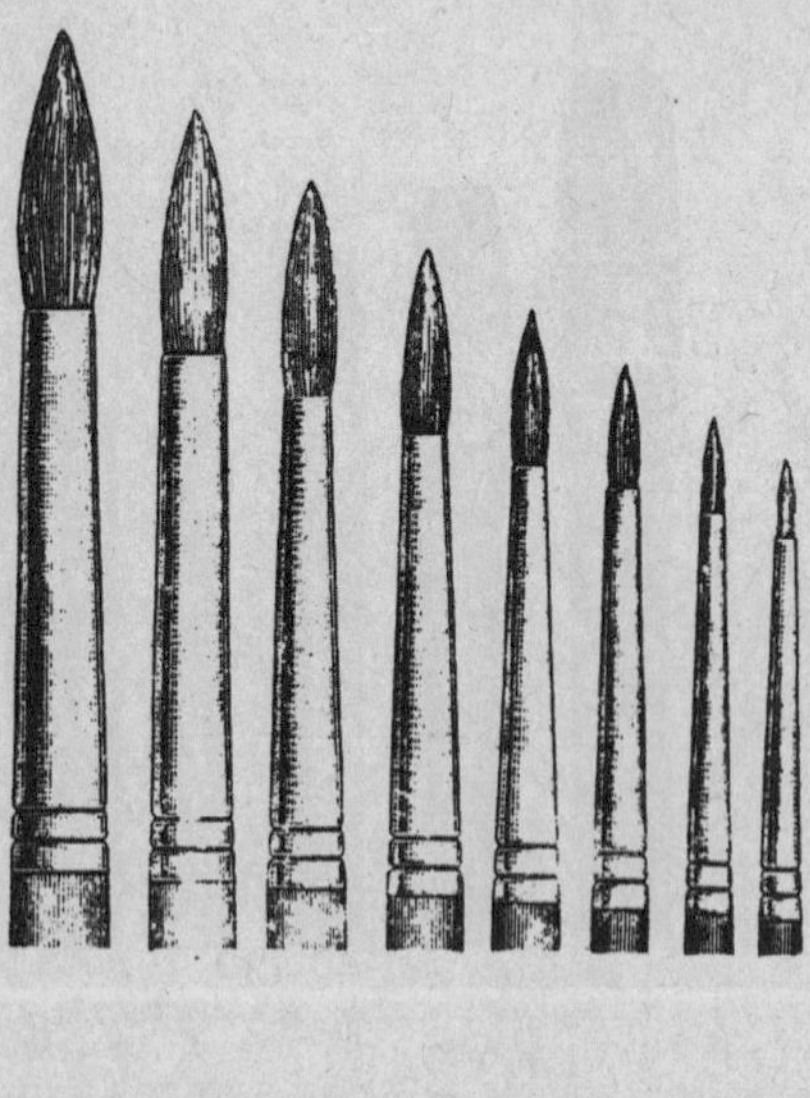

**馬市通いの絵描き**
**――坂本繁二郎さん**

九州の大自然の中で、力強く駆けまわる馬の姿に惹かれた坂本繁二郎さんは、イーゼル片手にお百姓さんのようなスタイルで八女の馬市に通いました。やがて馬市から招待状が届くまでになりました。

馬ばかり描くのを批判する人も現れました。坂本さんはその時、
「同じ画題を描き続けて内容が限りなく進歩するなら、それはむしろ画家としての誇りだ」
と反論しました。絵の主体はあくまで自分自身であって、対象ではありません。馬を描くことは、自分の心の中に出てきた世界を、馬を通じて表現することなのです。

坂本さんの描いた馬は、確かに私たちに何かを考えさせてくれる。それは画家自身の心の有り様です。

♣坂本繁二郎（さかもとはんじろう）
1882〜1969年　福岡県生まれ。洋画家。森三美に洋画を学ぶ。阿蘇の馬を題材として、多くの作品を描く。二科会創立に参加したが、会解散後は無所属となる。文化勲章受章。

**良心のありか**
**——小絲源太郎先生**

画壇最長老、小絲源太郎先生が逝きました。紅梅がやっと咲き始めたのをご覧になっただろうか。惜しい人でした。

足がご不自由で、店には二人の人に両腕を支えられるようにして何回もおいでになりました。お姿に凜々しさがありました。16号以上の豚毛の長穂丸筆を一握り手にされて、それでもまだ次の筆を探している目が輝いていました。

お届けしましょうと申し上げたら、「いや、手に合った物を自分で見つけ出すのがいい気持ちなんだよ」と。

良いと分かったら遠しとせず、その意気は職人魂です。32歳のとき、帝展に入選したが、会場で作品を見るとどうにも気に入らない。撤回を願ったが、聞き入れられんのでその場でナイフで切り裂いた。それは良心です。

ある日のお話に、

「社長さんが4人集まって油絵を描いているから見に来てくれというんで出かけたんだよ。そしたらまるで水彩画みたいに薄くのばしてるじゃないか。油絵の具は盛り上げてこそ色が輝く。

もっと太筆でたっぷり含ませて描くように言ったら、そんな話は初耳だって言うんだよ」

何事にもこんな風にさわやかで、少しも気取ったところのない先生でした。

先生のお話はいつも私の心にゴトゴト響きます。先生も私の対話からヒントをつかむと言われます。お顔を見るのが楽しみでした。生まれ変わるときはまた絵描きになりたいと言っておられた、真の芸術家でした。

♣小絲源太郎〔こいとげんたろう〕
1887～1978年　東京生まれ。洋画家。藤島武二の「蝶」に感動し、洋画家になることを決意。文化勲章受章。

## 点ポチブックのアメリカ記

ニューヨークから来たという、その青年の差しだしたメモには〝私の友人の店・月光荘のとなりに帝国ホテルがある〟と書かれていました。確かにホテルはとなりにあるに違いないけれど、とそのユーモアに二人で笑ってしまいました。

ことの起こりは、ロックフェラー夫人が持っていた月光荘点ポチ便箋にあるらしい。あれを見た建築家が、これぞ設計図にうってつけと、東京に来た折りに、銀座で買い出しをするため立ち寄ってくれたのでした。

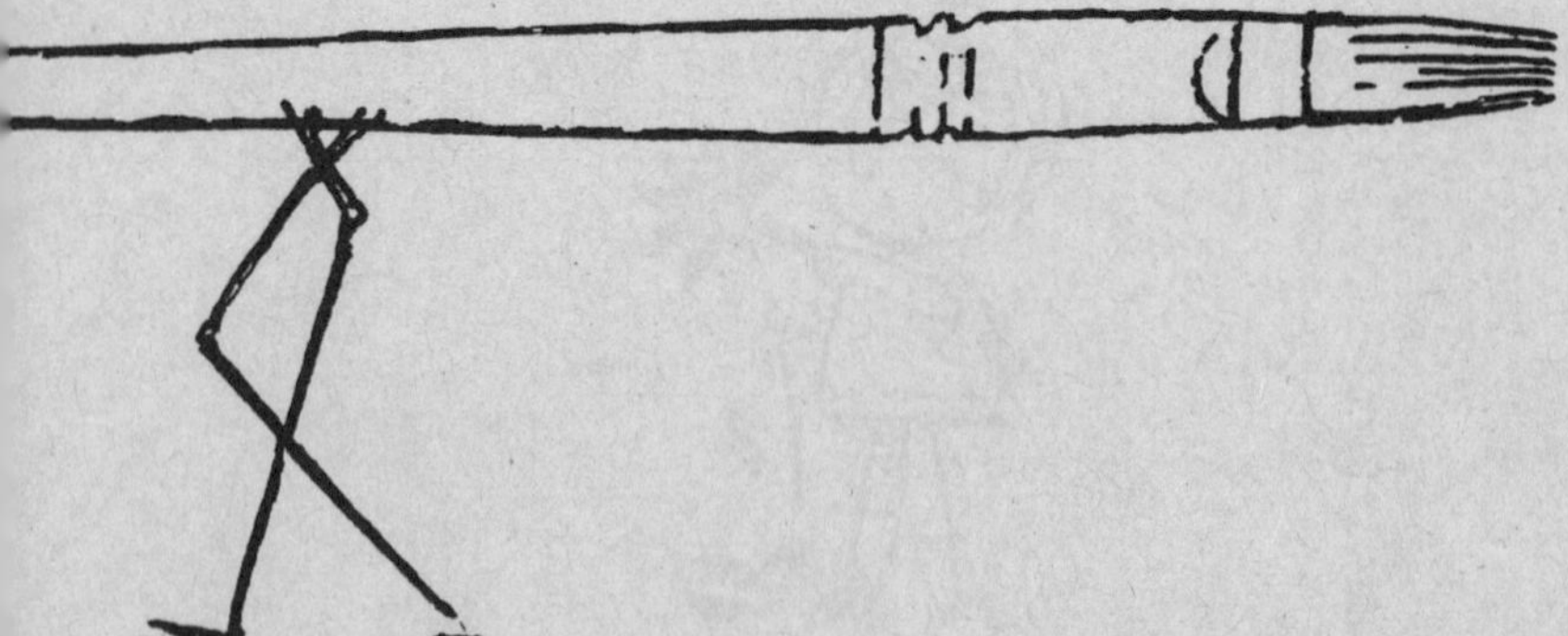

十年ほどたったある日、建築家の吉村順三先生が店にみえました。トレシングペーパーの点ポチブック40冊持って、

「こりゃ重いなー」

一度にお持ちにならなくても、と申しあげたら、

「いや、ニューヨークからの頼まれ物なんだよ。ロックフェラー家の茶室を作りに行ったら、建築家がこの点ポチブックを見て是非にと言うので」

と。お庭の広さを先生にお聞きしたら、

「世田谷区より少し広いかな」

というお返事でした。

♣吉村順三〔よしむらじゅんぞう〕
1908〜1997年　東京生まれ。建築家。東京芸術大学教授。東京美術学校建築学科卒業後、レイモンド建築設計事務所に勤務したあと、渡米し独立。国際文化会館をはじめ、戦後のモダニズムを代表する建築家として海外でも高い評価を受ける。

## わが尊敬するバーナード・リーチ先生

バーナード・リーチさんとの（いや、正しくはその作品との）出会いは、今をさかのぼる60年（1980年当時）も前のことです。つい先頃、懐かしさこらえきれずに、イギリスはセント・アイヴスのリーチさんあて、次のようなお便りを出しました。

わが尊敬するB・リーチ先生へ

先生の〝日本の心〟を毎日新聞で読んだら、懐かしさがこみあげてきて、とうとうこのお便りをさしあげることになりました。

濱田庄司さんが英国からリーチ先生の水指、計13個を持って帰られたのは、もう60年も前のことです。それ等の作品は銀座の鳩居堂の二階に並べられ、買い手のつくのを待っていました。

当時、私は小さな画材屋のオヤジでした。リーチ先生の作品に触れたこともありませんでした。その私が、先生の壺の前に立った時、何かわからない震えで心を強く揺すぶられたのです。

どの位、突っ立っていたか知れない。値段は、と見ればとうてい私には手が出ない。何しろその頃の大学出の月給に等しい45円もの大金なのです。

いったん店を出たものの、どうしても諦めきれず、私の足はまた、鳩居堂の階段を上っていました。清水の舞台から飛び降りるとはまさにこのことでした。

家内にどうだい、と自慢気に差し出したら、カミナリが落ちました。

「明日から何を食べてゆくの？」

と。後悔はしたけれど、それでもこの名品を手に入れたことを悔いはしませんでした。

丸一年たちました。何の気なしに二階へ上ると、去年と同じあの場所に、なんと残り全部がまだ並べられているではないですか。ついふらふらと一個を買ってしまったのです。

三年目がやってきました。二階には残りの仲間が寂しそうに私の来るのを

待っていました。また一個。私の壺は三個となりました。

四年目、計10個が今は、早く連れていってくれと、私に叫んでいるようでした。壺は四個になりました。けれど一体どうしてこの壺にとりつかれたのか、自分でもわかりません。

もう決して、二階へは行かんぞ、と誓いました。家内もさすがに呆れて怒る気もなくしたようでした。

鳩居堂の番頭さんが私の家に見えたのはその翌朝のことです。

「店の主人が、どうあっても残り全部を買ってほしいと言う、そのお願いにあがりました」

と番頭さんは言うのです。

「なんぼなんでもそんな道楽はできん」

と答えましたら、番頭さんは、

「大きい壺も小なみの値段にするから、後生だから」

と半日もねばって帰りません。

とうとう私が根負けして13個の壺全部が私の物になりました。

番頭さん、ホットしていわく、

「四年たっても売れない物を置いたら鳩居堂の恥だから何としても買ってもらわねばならなかったのです」

と。

ある日、家内が言いました。ここで地震でも起きたら皆、ガラクタになると。ごもっとも。その年の暮れ、思い切って12個をお客さんにクリスマス・プレゼントとして差しあげました。

店に残った秘蔵の大壺は3年の間、鳥海青児画伯が持ってゆかれて壺の絵を描きあげ、帰ったと思ったら中村研一画伯のアトリエに三年間。この壺は、だから芸術作品の中に永遠に生きているのです。

大沢昌助先生が戦争中は、壺を座布団に包んで持ち歩いたから無事だったと。私は壺を山へ疎開させていました。そのおかげで難を逃れ、今はグランドピアノの上で、どっしり腰をすえております。

濱田さんの益子のアトリエをお尋ねした時にこのお話をしたら、

「リーチさんが聞いたら懐かしがるでしょう。日本へいらしたらきっと見せてあげてください。私も見せてほしいものです」

と言われました。

リーチ先生

いつおいで下さいますか。先生の60年前の指の跡がこの壺に横縞になって残っているのです。

お会いできる日を楽しみに

心をこめて——

月光荘主人

そしてある日、月光荘に1通のエアメールが届きました。差出人は、LE

ACHと名前が読めました。リーチさんは今90歳で目が見えないので、この手紙はリーチさんの日本語を耳でとらえたひと（奥さんでしょうか）が、ローマ字で書いてくれたものです。日本語がだから少し、おかしいかも知れません。

でもリーチさんの心は間違いなく、このおやじの心にしみいりました。海を越えて、歳月を越えて。

月光荘のだんな様

あなたの手紙　わたくしはめくらだから（人に）読ませて読みました。

日本人だから（リーチさんの心が、という意味だと思います）

おおよそ　わかりました。泣きそうな気持。

昔にできたもの（壺）鳩居堂から年中　あなたは買いました。良い服まだ固くならない。

柔らかいからだ　かわいそうかね。

——

わかりますか？　詩の格好　わかりましょうか？

リーチ

♣バーナード・リーチ
１８８７〜１９７９年　香港生まれ。幼児期は日本で過ごす。イギリス人の陶芸家であり、画家、デザイナーとしても知られる。白樺、民芸運動にもかかわりが深い。

♣濱田庄司〔はまだしょうじ〕
１８９４〜１９７８年　東京生まれ。人間国宝の陶芸家。民芸派陶会の名匠。益子焼の向上、発展にも尽力した。

♣鳥海青児〔ちょうかいせいじ〕
１９０２〜１９７２年　神奈川県生まれ。洋画家。関西大学経済学部在学中から、春陽展に出品し入選。渡欧し、モロッコなどにも滞在。ゴヤの作品に影響を受ける。日本の古美術にも関心が深い。

♣大沢昌助〔おおさわしょうすけ〕
１９０３〜１９９７年　東京生まれ。洋画家。東京美術学校卒。多摩美術大学教授。昭和30年頃から、作風が中小に変わり、構図が大胆に。フランスのサロン・ド・メにも招待され、海外でも高く評価された。版画、本の装丁までこなした。

特別寄稿

# ルネパパゼペットおじさん

月光荘の太陽

女学校の頃　日本橋の家から銀座まで
ピアノ　ダン・ミチコ先生に習うため
銀座八丁目まで歩いて通いました。
その途中で一番の楽しみはより道でス
その一　「おかめ」か「かのこ」であんみつを食べる。
その二　みゆき通りと並木通りの角にある「ジュリアン・ソレル」に寄って

レエスの下着を見る。
その三　月光荘のパパゼペットに寄って、絵の具とスケッチブックを買う。
あのピンク、イエロー、モスグリーンの四角いスケッチブックを
小脇にはさんで口笛をふきふき日本橋まで歩いて帰る時は、もうヘトヘト。
（だってーェ）ネ!!　わかるでショ。
寄り道しすぎて　お腹パンパン、脇パンパンパン。
香水の見本かぎすぎて　足もとフラフラ。
ワクワクする青春でした。
ゼペットパパは、必ず天井からブラ下がってるカゴに
「お金はそのかごに入れて！」

水森亜土

Dream our

## 本書内に登場する月光荘の商品

「壁面を塗ってもホコリが積もらないよう、盛り上がりの少ないクリーミーな白を」という猪熊弦一郎画伯の要望で生まれたチタン・ホワイト。上野駅改札の大壁画「自由」は、この白で描かれました。(P155)

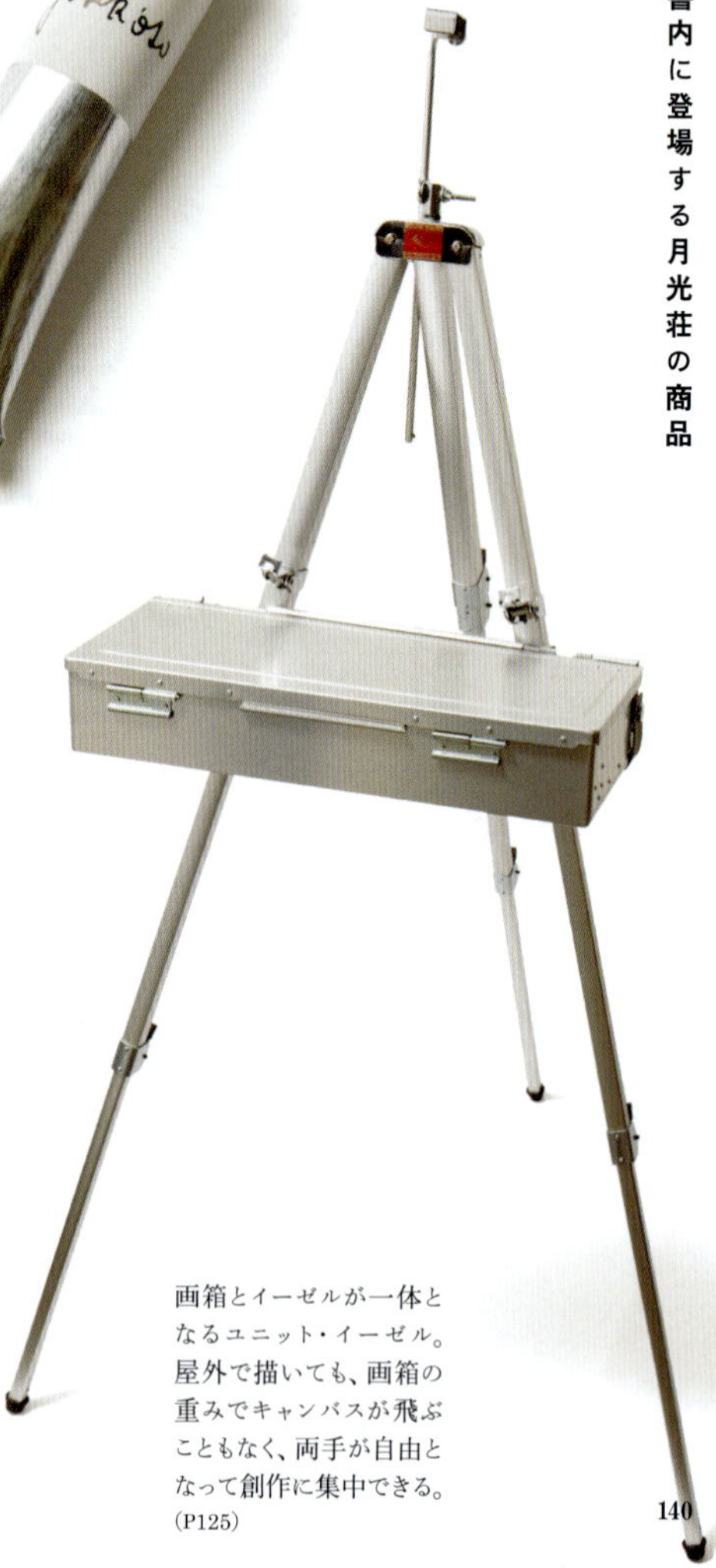

アルミ製の筆置き。画箱やパレットに取り付けることができる。(P108)

画箱とイーゼルが一体となるユニット・イーゼル。屋外で描いても、画箱の重みでキャンバスが飛ぶこともなく、両手が自由となって創作に集中できる。(P125)

原木の生育から手掛けている、柳の木炭。(P174)

1971年に世界絵の具コンクールで1位を獲得したコバルト・バイオレット・ピンク。通称「月光荘ピンク」。(P12)

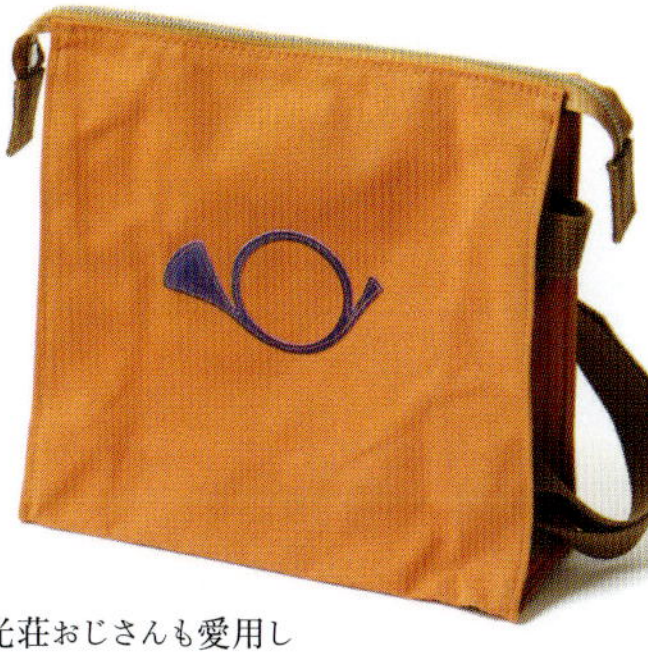

月光荘おじさんも愛用した、ホルンが目印のキャンバスバッグ。画材がすっぽりと収まる。(P66)

全成分オリジナルの純国産油絵の具第一号となったコバルト・ブルー。この絵の具から日本の油絵の具の歴史が始まった。(P12)

月光荘おじさんと猪熊弦一郎画伯がデザインしたスケッチブック。グッドデザイン・ロングライフ賞を受賞。(P37)

淡いブルーの点が打ってある「ウス点」は、「画や文字を描くとき、白紙だときっかけがつかめない。1センチ四方の点がはっきりわかって見やすいものを。」という松下幸之助氏のご依頼に応じた製品。(P235)

いわさきちひろさんも月光荘のスケッチブックを愛用していた。(P119)

上質の美濃和紙を使った封筒と便せんのセット。封筒の切手を貼る場所には、絵はんこ作家・カキノジンさんの石印による、「大空の月の中より　君来しや　ひるも光りぬ　夜も光りぬ」という、月光荘の名前の由来となった与謝野晶子さんの短歌の印が押されている。(P36)

月光荘おじさんと猪熊弦一郎画伯がデザインした、白木のテーブルセット。天板が外れるようになっている。(P117)

1.袴付き水筒　2.軸が白木の筆　3.水彩アルミパレット　4.生成りのおけいこバッグ　5.軸がU字のペインティング・ナイフ　6.アクリルガッシュ絵の具　7.透明水彩絵の具　8.油絵の具　9.縦に細長いちびショルダー　10.一筆箋「一語一絵」　11.便せん各種　12.6色のスケッチブック　13.右手クリップ　14.五線譜の便せん　15.ヌメ革キャップ付き8B鉛筆　16.消しゴム　17.鉛筆削り

# 月光荘おじさんの職人魂

月光荘おじさんは、
日本で初めて顔料から作る
純国産絵の具を開発しました。
ここでは、その開発秘話や
おじさんの情熱についてお伝えします。

## 美しい色を追い求めて

色は光です。

46億年も前にできた地球の歴史の中で、宝石は自然が何十億年もかかって地熱で育てた天の賜物です。透明は上物、不透明は寝不足です。むかしの画家は宝石を粉にしてエノグを作ったので〈エノグは宝石〉といわれたのです。人が地上で最初に発明したのは発火法でした。科学が発展して自然の宝石と同一成分を鉱物から吸収することに成功しました。それを炉に入れて高熱をかけることから始まります。

たくさんの色ができるまで、それはたいへんな努力で親子三代もかかって作った色もあります。ほとんどの色が19世紀末でフランスから出そろいました。(中略)

長いこと顔料はフランスから輸入していました。というよりも顔料のすべてがフランス生まれだったのです。なにしろ色の発明者には最高の勲章と賞金と名誉ある墓地まで与えるというお国柄ですからね。みんなで競って色の発明をしたのです。一色の陰に万骨が散ったことを忘れてはならないのです。

第二次世界大戦でエノグの輸入がとだえました。文部省から代用品で作れと指令がでると渡りに舟とばかり業界全体が賛成し代用品時代になりました。しかし絵は描き替えられないのが画家の業なので、月光荘はガンとして、「代用品は作りません」と宣言した。たとえ四面楚歌になろうとも、その姿勢を終戦まで通しました。

昔から画家がふたり寄れば話の花はエノグ。輸入品がばか高いので一日も早く国産品の完成をと口々に言い合いました。その頃の輸入顔料はすでに純粋でなく、英仏品と肩を並べるにはどうしたって自家製の顔料から作らねばならぬと言われました。エノグの顔料は工業用顔料と違い、英仏は油に適した作り方で虎の巻、門外不出です。

戦時中はどの大学の研究室もコバルトの開発に躍起でした。今日にも出るか、明日にも完成するかと何年間か情報の飛び交う中で、月光荘は外国の本の不備に気づいたのです。本でやれるなら秘密はないはず。

その時の何という挫折感、空漠感。けれどここで挫けたら元も子もありません。いつできるか、やるだけである。愚直の一年、矢も楯もたまらず、誰の手も借りずに自分で選んだ道だもの倒れるまでやろうと、明けても暮れても、警戒警報中もはなれず火をみつめていました。

そして非常な高熱でじっくり焼かれた鉱石が根限りの土壇場で、ついに夢にまでみた青がきらめいた。独自の技法を開発したのです。

## 1940年秋　コバルト・ブルー誕生する

瑠璃色の青、大空の〈青〉の誕生です。

不滅の青が燦然と！　日本のエノグ界に晴天の霹靂でした。ついに純国産油エノグ第一号が誕生したのです。

猪熊弦一郎、脇田和の諸先生17人をお招きしました。一同はまばゆいブルーに沸いたのです。惜しみなく歓をつくしました。

当時コバルト・ブルーは金より魅力があったのです。

猪熊先生が各新聞社に知らせてくださいましたが、一行も載りませんでした。驚天動地、たかが町工場ごときがなしうるはずがないと。

また資源がないのに技法が発見されても、と小さな炉での何回何十回の繰り返し、時間を惜しまず、資材を惜しまず、無限の愛情をこめて工夫と勘の結集した中からとうとう世界一の輝くコバルト・ブルーが生まれたのでしたが、（オリンピックは白人黒人の差別なく、たぎる感激と熱狂で火のでるような拍手と歓声のわくすばらしさ。肩をたたいていたわるというが）舶来崇拝の日本では喜びが湧かないのです。

翌朝眉目秀麗の青年が訪ねてきました。稲村耕雄、東工大の先生で、

「秘密は絶対守ります。コバルト鉱を焼いてエノグになる工程を見学させてください」

と。夕方出来上がった油エノグを見て、先生うなった。大学の標本より輝いていたのです。その場で月光荘研究部に入り、大学の帰りに毎日三年間というもの通われた。資材やりくりの苦しい時代に励ましあった情熱漢でした。

そして色が次々と誕生した。

セルリアン・ブルー、コバルト・バイオレット、カドミウム・イエロー、

バーミリオン、ビリディアン、オキサイド・グリン、コバルト・グリンは、彼の専門のプリズムで世界標準色票との一致を確かめ、英仏と肩を並べたのです。

自給自足の美しき革命。春爛漫の花の色。日本の心の色。国産エノグが誕生したのです。

さて技法が生まれても資源がなければ豚に真珠、さあコバルト鉱脈だぞ。ムクムクと入道雲が湧く。日蓮さんは「百難をわれに与えよ」と祈った。小野道風はカエルの百回飛びで奮い立った。羽仁もと子先生は焼け残った玄関で「勇気百倍」と感じられた。

「かくて運命は戸をたたく」と第九交響楽をベートーヴェンが作曲した。ロシアの将軍は「最後まで絶望せざる者は勝者なり」

今こそ心の中にうねりを起こそう。勇気は忍耐。

(はなしの道草◆コバルト鉱脈は鉱山王久原房之助氏(元逓信大臣)の大援助で、やっとこあてたが敗戦の悪夢でおじゃん)

戦時中、小絲源太郎先生が、

「ニュートンのコバルト・グリンを使い果たして絵が描けない、なんとかしてくれ」

と。その時は製品になる前日だったのです。翌日の夕方、走って半ダースお届けしたら先生はしばし無言……ほどなく絵を完成されました。

その時のコバルト・グリンのニュースは報知新聞が報道しました。

◆脇田 和（わきたかず）
1908〜2005年　洋画家。鳥、花、こどもたちをテーマに温かな童話的な作風。絵本の挿絵に『おだんごぱん』がある。

◆小絲源太郎（こいとげんたろう）
1887〜1978年　東京生まれ。洋画家。藤島武二の「蝶」に感動し、洋画家になることを決意。文化勲章受章。

## 白は色の魔術師

天が白い花を咲かせる。花弁が舞って雪となる。フランスではネージュといいます。

白はあらゆる色の基調です。銀盤のパレットは雪割姫。筆スキーで無限の美を舞って、姫と絵描きは恋人同士と互いに指切りゲンマンをしました。

茶人が、お茶がうまいのは水のせいだと。絵の基調は白です。絵を見て、この絵は生きている、そう言えるのは〝白〟のせいなのです。

それなのにどうして画家もエノグ屋も〝白〟にもっと注意を払わないのでしょう。チューブのふたをとってみて白ければ安心するのかしら。

どこのエノグだって、ふたしてあるうちは真っ白なんですよ。乾いて色がヤケると絵はにぶって気品を失います。ヤケないぞと言いきれる白、それは月光荘のブラン・ド・チタン。純粋で最高の微粒子の原料でつくられた価値ある白。すべての基調になるのです。

雪が大地や山々をうめつくします。白一色に。けれども夕闇の訪れとともに、うす蒼くかわってゆく雪の舞台はどうでしょう！　月の光の下でなんと雪の明るいこと！　夜空までが雪の白さをうつしてほの白く見えます。

お日様が出たら出たで、まばゆいほどの白さはあたり一面に光をばらまくのです。雪国育ちなら誰もが百も承知のこと。白は色の魔術師だと、そして白の輝きこそ色のはじまりと。

## 白の革命　チタン・ホワイト

白の恋人、本命版！　1789年（フランス革命の年です）にイギリス人が砂鉄から摘出したのが始まりで、1910年にチタン元素純金属に初めて完全単離されました。白色顔料にうってつけの条件をそなえていたので、どこの国でも科学者を集めてやっきになったのです。

アメリカで1948年、日本で52年、イギリスで60年に生産工業時代に入りました。研究を重ねるうち、粒子が金属中一番細かく、屈折率が大きく、被覆力が最強でヒビ割れせずどんな色と合わせても変色しないとわかりました。最高の白色顔料の誕生、白の革命でした。

ところが問題は油と仲が悪いこと。どんな方法で溶油と一緒にさせようとしてもなかなかなじまないつむじ曲がりでした。月光荘は戦時中もトコトン追求していました。そのおかげで、第二次大戦後の1952年、チタン油エノグ世界第一号の産声をあげることができたのです。

白は光です。色というよりも光の源、明るさの頂点です。これにあらゆる色が反射して、千変万化のニュアンスを作ってゆくのです。その白の完璧を産んだのですもの、さすがに胸がじんとしましたよ。

白よ　富士の高嶺の雪よりも光れ！
白よ　夜空の月よりも光れ！

同じ年に山下新太郎先生がニュートン社から、LAKE　WHITE（レーク・ホワイト）を取り寄せられました。とてもほめておられましたが、実はジンクとチタンの混合だったのです。10年経てニュートン社も純粋のチタン・ホワイトの製造に成功しました。他は今でもレーク・ホワイトです。

猪熊弦一郎先生も、

「長く引くタッチにこそ純チタンエノグは欠かせない」

と喜ばれ、平賀亀祐先生は、

「月光荘チタンのあざやかさ、使いやすさが好きだ。日本人は国の誇りを知らんね」

と言われました。舶来崇拝癖の強い日本の画家たちにチクリと釘をさしたのです。色の白いのは七難かくす。白すぎるということはないのです。

ウェディングドレスも純爛、純白でしょう。

白は清浄あらゆる色を彩る。

黒は厳粛あらゆる色を深める。

それが色の哲学です、真理です。

◆山下新太郎〔やましたしんたろう〕

1881～1966年　東京生まれ。洋画家。東京美術学校卒業後、渡仏して、コラン、コルモンに師事。ルノアールに傾倒する。

## 色の発明賞

でてこい　でてこい池の鯉
でてこい　でてこい色の魔術師

発明と特許のつらさは、92歳のおじさんも骨身にまでしみています。

いや、それだからこそ、今日も明日もそのまた次の日も、色の夢を追い続ける色の追跡人のために、せめて蛍の灯の小なりとお贈りしたいと、ずっと考えておりました。

賞の土台は万人の心の雫の結晶です。

お客さんがお買い上げごとにがまぐちのアルミ玉をさらえて、おじさんにこれでまた何か考えてよ、と「考えてよ　の靴」に入れられる、それと、月光荘の特許品につけさせてもらった5円（すなわちご縁）のチップ。一枚一枚は小さな蛍の灯でも、何十年の間に貯まり貯まって星の数ほど。

それを持って急いで銀行に走りました。「色の発明賞」という一本の光る道が、この先も永遠にとぎれることのないように。この賞は、何びとを問わず国籍を問わず、色を発明したひとに送られます。

月光荘からのささやかなねぎらいが、年毎に咲かせる野の花いちもんめ、エノグ畑のみずみずしい序曲です。

さあ万人に絵を描く楽しさを
色の美しい輝きを　光を

それは虹の世界、愛と平和の世界、そこから芸術が生まれます、育ちます。

## 二つのわだち

味噌づくり、三年ねかせて蔵から出してイギリスの羊毛も三年半してからなめしにかかる。ワインもじっくりねかせて味を出す。

月光荘の画材も商品とよべるまでに足かけ四年かけているのです。

そうまでしてつくるのは、本物を欲しがるひとがいるからです。

いいものにはつくられるまでの歴史があり、使われてからの歴史がある。

二つのわだちが良さを保証するのです。

インスタント物や、はやり物との違いはそこなんですね。

ほんとうにいいもんは一生もん　安心して使えます。需要と供給は車の両輪。いいものを育てるためにどしどしご意見をおきかせください。

あなたのために　わたしのために　そして前進　一歩ずつ。

## 職人の魂

職人の魂は安物と上物とを分けて作るようなことはできないのです。二兎を負うものは一兎を得ず。この言葉通りに本物を作ることだとめざしてきたのです。

ソロバンにあわないとわかっていても火をたきつづけました。芸術への愛情です。働く喜びを感じるからです。

「生活の中に芸術はある」と文化学院校長西村伊作先生。

「一心不乱の仕事中に禅はある」と地の塩の箱の創始者、詩人の江口榛一先生。英国の思想家シューマッハは「小さいことは美しい」と。浅くとも湧き出る井戸でありたいのです。薬の入らない純粋な水だからです。

1971年、美術家連盟の世界油ェノグコンクールが通産省工業試験所桑原博士のもとで行われて第一位となり、最上の画家への謝恩でした。長距離ランナーの根性の花です。

仏英は専門家用と習作用ェノグを作っていたが、月光荘は専門家用を一途に追ってきました。猪熊先生が美校一年生の時に「最高の物を作る事だ」と言われたのを守ってきました。

稲村博士が終戦後催された流行色研究学会に招聘されました。その時に色彩学者と眼科医との共同研究により、色の識別検査は猫柳色の上と決定された事も伝えられました。従来の白の上では30分でマヒすることがわかったそうです。

それからくわしく英仏の実状も調査して帰られました。戦後六年間ェノグの製造はしていませんでした。

英国の首相イーデンは、
「いかなる戦争も勝利者に戦利品をもたらすことはありえない」と。世界最大のケンブリッジ社は七年目に廃業し、五年後にニュートン社、ルフラン社は代替わりして商標が変わりました。

フランスに駐屯されていたリッジウェイ中将は日本へマッカーサー元帥の次に赴任なさいました。奥様は画家で来日後、四日目にご来店。エノグも筆も画箱も画架まであると大喜び。元帥から画材に不自由しないと聞いていたそうですが、自分の目で確かめるまではと。

1975年、月光荘は世界で初めて、本物の標準色エノグを画布に塗って標準色票を完成しました。今までにどこもやらなかったのは高価になりすぎるからです。印刷された色票とは全然違います。(中略)

蚕は長い時間をかけた命の糸を女性に捧げた。
芸術は平和のもと。月光荘も蚕にまけられません。

## 手から手へ職を受けつぐ

人の手から手へ、世代から世代へ受け渡してゆく秘法が手職です。手に職さえあれば、一人で楽しく働けて、暮らしに小さくても豊かな花を咲かせられる。精魂こめてものを作る人にはほかの人の味わえぬ喜びがあるのです。

ゴッホもピカソも小学卒の職人でした。北斎は八歳から絵を習い始めて八十歳になって芸術家と呼ばれるようになったのです。ゴッホが有名になったのも、彼の死後でしたね。

どんな仕事も一業一生一筋。いや、本物の仕事を残した人の作品は、作者が死んでも生き続けるのかな。

道具に一流品を求めるのは、どう使うかを考える魂が作品に表れているからです。ハサミ一丁で切り絵の名人、ナイフ一丁で笛作りの名人。あなたのとなりに芸術家が住んでいるかもしれません。芸術家は必ずしも天才に非ず。本気で仕事すれば、誰もがその「道」の芸術家になれるのです。仕事に汗流し、手に豆を作り、自給自足できるだけの気骨を子どもさんの心に植え付けてください。お母さま方。

感覚的な経験が貧しければ貧しいほど、豊かで明瞭な形象を記憶するほどの印象は少なくなるし、知覚の過程も貧しいものとなる

エヌ・ベ・サクリナ（ソ連）

## 無理な注文

安物しか作らない職人に、今度だけは手間賃をよくするから上物に仕上げてくれというのは無理な注文。腕は一朝一夕にあがらないし、金儲け根性も急には入れ替えできないからです。

いい物を作っている職人に安物を作らせるのも無理。たのまれたって手抜きできないのが職人魂。安物は作ろうたって作れないのです。

上物と安物は火と水。根っから違う。物は人なり。

作品は技術と良心の合作です。

## 砥石は生命

あれは終戦直後のことだったかなあ。

木工部の本多親方が目の色を変えて、とびこんできて言うことには、

「ダンナ、金をくんな。いい砥石をみつけたんだ。三百円から一万円まであるが、わしにゃ一万円のでないと手にあわんな」

とこともなげに。当時の一万円たるや、そりゃ、恐るべきものなんです。

さて、そのご当人は念願の砥石を手にしたもんだから、もう子どもみたいにニコニコしている。

「安物はみぞれに打たれても割れんが、上物ときたら凍る晩には、ふとんを着せんとな。ガキと同じよ」

仕事がめっぽう忙しい時は、近所の職人に助太刀を頼むそうだが、その時も、入口の砥石を見て決めるそうです。

上りがきれいで早くて安いんだと。職人のカンナをとぐ音で、切れ味がわかるという。一生に一丁の砥石とのめぐり合いで運命がわかれるという。

なるほど。仕事一筋の男には砥石は生命、そう思ったことでした。

店の女の子が、

「朝のテレビで83歳の日本一の宮師が『仕事が好きで楽しいからいい仕事ができるようになった。それは砥石のせいです。次男は早くいい砥石にめぐり合って励んでいるが、長男は運が悪くて気をもんでいます』と話していたわ。これは本多さんの話と同じね、おじさん」

と。

## カンナ職人

わが木工部の本多親方は、四年に一度、新潟は三条の大工町に出向いてゆく。東京で間に合うのは曲尺と釘しかないからと、自分のと職人の道具を買いに行くのです。

さて、わたしの絵仲間の一人に製作場の工場長がいます。この男、世界一流品といわれる小道具を集めるのが道楽で、新しい道具が手に入るたび、自慢して見せてくれるので、わたしもずいぶん、目を楽しませてもらったものです。

ある時、親方の三条参りの話をしたら、矢も楯もたまらずに、大工街をのぞきに行くと彼が言いだしました。幸いその町にはわたし達共通の友人が住んでいたので、望みどおりにカンナ職人に紹介してもらいました。

その職人は、月に八丁しかつくれないというが、一丁だけ残っていたので、彼がゆずってくれと言うと、

「ダンナ、かんべんしてください。あなたは職人さんではない。いつどこから職人さんがやってくるかもしれません。そのひとを宿に泊まらせて待たせるわけにはいきません」

そう、きっぱり断られた、ということでした。その話を聞いたとき、流石だなと思った。断られた彼には悪いが、その職人のさわやかさがうれしかったのです。

求める人とつくる人、二人の気持ちが通い合うから生涯の付き合いになるのでしょう。たとえ二人とも一生金に縁はなくとも。

## 道具は分身

ある日テレビで耳にした東大の建築家の先生のお話です。

一人前の大工や指物師なら道具は150種類持って当たり前。熱心なのは300くらいも持っているし、そのどれもがおろしたてのようにピンピカしているというのです。先生は材木屋に生まれ、いつしか自分も大工道具のとりこになっていたとか。

ある時、いいカンナの刃を見つけたので職人に台つくりを頼んだところ、たまたま上物の赤樫がないといって、黒樫でつくったものが送られてきました。ほどなくその職人から再び手紙で赤樫が手に入ったからカンナを送り返してくれというのです。もちろん、先生はすぐにカンナを送りました。

先生と職人、本物を求める心が一致してやっとのこと、カンナは一人前の

〝道具〟になることができたのです。

名人は道具を大切にします。自分の分身と思います。「道具に凝らない人は芸術家にはなれない」これは野口彌太郎先生の口ぐせでもありました。

◆野口彌太郎〔のぐちやたろう〕
1899～1976年　東京生まれ。洋画家。川端画学校で藤島武二に学ぶ。その後、フランスにわたり、サロン・ドートンヌ他に出品。作風としては、さわやかな彩調と流動感に満ちている。

# 太丸木炭の話

◆木炭は自然のままの丸に限ります。それも杞柳《きりゅう》の柔らかい新木でまっすぐで節なし、小枝なし、すくすく2mも伸びる。皮が六尺褌のようにひと剥ぎです。焼きあがると芯は丸くて薄い灰色、これが本物のしるし。炭焼きは、日本人の古くからの生活の智恵ですね。

◆粉がボソボソ落ちるのは焼きすぎ、茶褐色は焼き不足。どちらも紙になじみません。焼き具合が大事なのは焼きもちと同じこと。

◆楓がいい、ぶどうがいいとか外野席はうるさいけれど、焼いたことのない人の話。たかが木炭じゃないのなんて言わないで、なかなかスミにおけない代物ですよ。

◆戦後、ヨーロッパの短編映画で、何人かの巨匠が描いておられる場面で、木炭はみな小指ほどの太さです。脇田和先生に、

「向こうの人たちは太いのに、なぜ日本では細いのをというのですか」

と伺うと、先生は、

「それは目に入らなかったな、指を二本かけたり三本かけたり、上からおろしたり下からあげたりする手法にばかりに気をとられて。二人で見んとだめだね」

と笑われました。描く人と作る人、見るところがちがって当たり前ですな。ところで木炭はだんだんみなさん太いのを使うようになってきました。木炭は指でじかに持って、心の詩を素直にカンバスに伝えるもの。靴をへだててかゆきをかくべからず。

心の躍動をそのまま伝えるのは素手。あなたのお手々が最上の道具。お相撲さんもまわしにかけた手で、勝負がきまっているそうな。

◆魔法の黒い杖は、物の形を描くんじゃない、物体を現す杖なのだよ。ボリュームあふれる生き生きした女、可憐で気高い少女の花が咲く。詩と幻をまとい、先っぽに宇宙をとまらせてる杖なんだ。煙は匂ってのぼる。口笛吹いてのぼる。

◆猪熊弦一郎先生がマチス先生を訪ねられた時のこと。小鳥の籠が何十もならべてあるアトリエのドアの裏に木炭の肖像画が部厚くとめてありました。肖像画を描くとき、百枚の下絵を描いて画布に向かったらモデルも見ずに描かれるそうです。それほどの大家でも生涯の友は木炭でした。

木炭と一口にいうが種類もたくさんあります。描くほかにお茶をわかす黒炭（菊炭ともいう）はクヌ木を土のカマドで焼いたもの。カバヤキには白炭、七色の煙と匂いをだす、かたいかたい馬目の木を石カマドで七日蒸し焼きして出します。

ウィスキーの濾過用には楓の木炭を。これも七日七晩ねかして出すのですよ。北山杉炭は日本酒の濾過用。

## 実用は美なり、未来を開く

いい物がわからんのは、見ていないから。

不便が習慣になると無関心になる。

実用は美なり。美は静かで人目を引かない。

「慣れのこわさ」

進歩の源は創造です。諺に、

「物を買う、己を買う」

己の知っている範囲から出んと未来が開かれん。

ゲーテは、

「私の求めているのは〝美〟であって〝美しいもので〟はない。そして〝美〟とは、それがわかる〝人のものである〟」

と。用をたしてこそ美である。人間味のある美は光る。

## 筆のいのち

手にあった筆というのは使いこなした筆のこと。10年ぶりにアメリカから帰られた猪熊弦一郎先生が、アトリエに残してあった筆を掃除した時に、一本一本の筆の顔を憶えていたと。

また狩野芳涯先生は、

「この筆を切ってみよ　赤い血が流れる」

と。それほどに画家は筆を愛します。

画家が筆をなめるのは指先の感じより唇の感じのほうがよくわかるからです。筆の前に水の入ったコップを用意するのが、画材屋の心得。これは日本筆でも同じです。

昔の筆屋には、かわいい娘さんがいて筆をなめたという。お客様は自分でなめずに娘さんになめてもらって、いちばんよくなめたのを買ってきたそうな。ナメ筆というのです。毎日一本ずつ通った人もいたそうな。

弘法大師は書を愛されたからちびた筆でも大切にされるのを見て、「弘法筆を選ばず」と言われたのでしょう。筆探した苦労話も伝わってます。探す選ぶそれは情熱です。情熱こそが上達の秘訣。

職人は良い道具を持ち愛することで、仕事の出来不出来が違います。他人には貸しません。クセをこわされたくないから。神聖なもの、心をこめてしまいます。

## 月光荘 口上

銀座・月光荘は毎朝九時半「お早うさん」信頼に裏うちされた伝統ある製品を、そしてその改良を、いつの時代も心がけてまいりました。

店の信用はインスタントにできません。親から子へ、先生から生徒へ、友達から友達へ、そうやって月光荘のホルン仲間がふえました。

1940年、月光荘は世界の標準色コバルト・ブルーの技法を発見、第一号の純国産エノグを誕生させ、十年後にはコバルト・バイオレット・ピンクを発明。以来、月光荘エノグは世界中の画家の憧れとなって、20世紀を彩っております。

月光荘の製品は私のいのちの花弁です。お客様がその一つ一つを誇らしく抱えておられるのを見ると、商売冥利に尽きます。

発明・発見・改良の小さな営みに気づいてくださる方のひたむきな目、それにお応えしなけりゃバチ当たり。製品がケガしたときはいつでもお持ち下さい。かたちある限り修理いたします。

手仕事だから予約販売の品もある。そのかわりいったん売ったら、とことん責任負いましょう。それが私の信念、愛と仕事に生涯かける商売人の魂です。下手な手記でも何か一つあなたのお役に。それで満足のわたしです。

# 記事になった月光荘おじさん

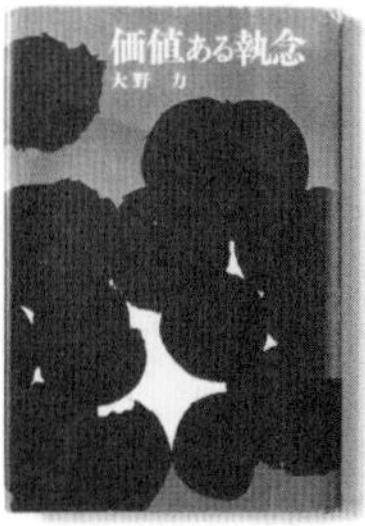


月光荘おじさんは、その開発力、発想力、
それから人間力が注目され、
多くの雑誌や書籍から取材を受けました。
ここでは『価値ある執念』（大野 力＊著）
という本に掲載された記述をご紹介します。

# 価値ある執念の人
# 国産絵具と新色の創造

### 〝戦犯〟から〝英雄〟に

マッカーサー司令部から呼出し状がきたとき、橋本兵蔵さんは、もはやこれまでと覚悟をきめた。戦争犯罪人の調べがはじまっていた。べつに戦地へでかけたわけではないが、戦時中も一貫して、絵具をつくりつづけていた。それが戦争絵画の支えとなっていた。戦意高揚への寄与がたいへん大きかったといわれれば、それは致し方なかった。

「当時は仲間うちからも投書があったりしてね、いやなもんだった。結局、戦争絵画については、二人の責任者があげられたんだな。一人は先日死んだ藤田嗣治先生で、これが絵かきのほうの大将だった。それともう一人は、絵具をつくったヤツが悪いというんで、オレの名前があがったんだ。

藤田先生はこんな日本は脱出したい、なんていってたがな。そこで猪熊弦一郎先生のところへ行って、相談した。〃すべてが運命だ。いまになって悪いといわれても仕方がない。オヤジあきらめろ〃といわれてな。それでオレは、覚悟をきめた」

勝った占領軍の総司令官と、負けた日本の一画材商とは、このようにして対面した。だがマッカーサーの口からでた言葉は、意外や予想とまったく反していた。

「戦後アメリカは、日本の戦争絵画をどんどん本国に持って帰ったのだがな、輸送に無理をしたんで傷がついた。それを修理するのに、アメリカには絵具がないというんだ。これにはオレもおったまげたな」

物資豊かであるはずの国からの、絵具の注文だったのである。

「しかもマッカーサーは、こういうんだな。この大戦中に絵具をつくりつづけたのは、世界中にお前一人だけだ。お前は英雄だっていうんだ。そこでオレはいってやった。あんたこそ英雄だ。それまでの敵地に、タマ一発撃たずに上陸したんだからとな。歴史に残る名将のなかでも、そんな人物は珍しいよ」

〝喚問〟は〝商談〟となり、さっそく、GHQの担当官が店にやってきた。だが、代金はあとで集金にこいとのこと。橋本さんにはこれが気にいらない。

「オレんとこは、いままで集金に行くという商売をしたことがない」

と反発した。係の大佐がいった。

「日本の商人は、みんな月末になると、ニコニコして集金にくるではないか」

それにも反論する。

「一軒ぐらいこういう店があってもいいだろう」

とうとう〝英雄〟の意地は通された。占領下の当時としては、たいへん気骨のいる、珍しい態度だった。

「日本で一軒だけ、たいへんいい思い出になった」

大佐は帰国するとき、こんな言葉を残していった。


マッカーサーのあとには、リッジウェイ中将が赴任してきた。その夫人が橋本さんの店を訪れたのは、来日して四日目のことだった。夫人は絵かきでもあったが、前任地のパリにも、まだまともな絵具はなかった。

その夫人が早々と店にやってきたのは、じつはマッカーサーから、つぎのような手紙をもらっていたからだった。

「日本には、小さいけれどなんでも揃っている画材屋が、一軒ある」

そのため日本にくるのが、たいへん楽しみだったというこの夫人は、さっそく、店をたずねてみて、

「さすがは芸術の国だ。浮世絵の国だ」

と、大いに感心していったという。

この店の名を月光荘という。去年の一〇月、東京・銀座に、念願のギャラリーを再開した。その記念展には、国内に残されている戦争記録画の展覧会を開いた。戦時中は、〝月光荘絵具〟だけが、選ばれて生産されていた。だから戦争記録画は、すべて〝月光荘絵具〟で描かれた。戦争記録画の展覧会は、つまり〝月光荘絵画〟の歴史を示すものでもあったのだ。

「感無量のものがあったなァ」

と橋本さんは述懐する。

「戦争絵画というと若いもんはバカにするけどな。それは世界の絵画の歴史を知らんからだよ。どこの外国の美術館、宮殿へ行っても、そこでもっとも権威があるのは、戦争の絵画だよ。みんなそれぞれ、当時の最高の力量が注がれた、輝ける歴史なんだな」

自分でも、「戦争に勝ちたいために、いい絵具をつくろうとした」という橋本さんにとっては、歴代の戦争絵画は、いわばそのときどきの民族的エネルギーが、最高度に発揮されたものとして、捉えられる。そうした歴史のうずの一つに、橋本さんの絵具づくりも拍車をかけられてきたのだった。
しかしこの道にはいってすでに五〇年、橋本さんの絵具づくりは、単に一時的な〝戦争協力〟のためのものではなかった。むしろその根底には、いかにも明治人らしい〝国の誇り〟が流れていたというべきだろう。
それがこの人をして、国産への情熱に駆りたてさせた。その執着をはぐくんできた。だからこそそれは、敗戦ののちにも、〝国の誇り〟を示すものでなければならなかったのだ。

**あるだけの本は買ったが……**

油絵具は、顔料をケシ油・クルミ油などの乾性油や、少量の樹脂・乾燥剤などの媒材で練り合わせてつくる。顔料は鉱物性のもののほうが、動植物の汁液などを原料とするものより、堅牢であって退色が少ない。

橋本さんが洋画材商をはじめた大正六年ごろは、絵具はほとんど、ヨーロッパからの輸入に頼っていた。のちに国産と称する絵具も生まれたが、原料の色粉は、やはり輸入によるものだった。

「粉を輸入して、それを油で練るだけが、日本の仕事だったんだな。絵かきにいわせると、ヨーロッパの絵具は色がさえているが、日本のものはダメだという。

なぜそうなるのかというと、原料が純粋であればあるほど色はさえるのだが、輸入の粉には、何パーセントかのアンコ（まぜもの）がはいっている。だから色もにごるし、また日本の風土では、一年もするとヒビわれがはいるんだ」

まぜもののある顔料を使っていたのでは、とうていヨーロッパに太刀打ちできないと考えた橋本さんは、まず、純粋な原料を入手することからはじめた。顔料のもとになるコバルトやカドミウムのインゴットを輸入したのだ。

「顔料の粉をつくるには、それらの金属の塊を、ある種の薬品と抱き合わせて、高熱で焼けばいい、と本には書いてあるのだが、いくらそのとおりにやっても、ダメだったな。丸善で、あるだけの本を買ったけど、そのとおりにやってみても、絶対に色はでなかった」

ガスや電気炉はまだ普及しておらず、石炭やコークスを使っての試作だったから、温度と時間を思ったように調節するのも、ひと苦労だった。そしてそれがせっかくうまくいったとしても、色にはならなかった。どうにか色になったとしても、せいぜい工業用程度のものであって、純度の高い美術用の絵具にはならなかった。

「それこそ根気仕事だったな。あとになれば、ひとは〝偶然から生まれた〟というけどな。たしかに、偶然らしい状態のときに、思ったような色ができた。だけどそれは、決して〝偶然〟ではないんだな。根気仕事をつづけるなかに、やっとそれが生まれるんだな」

コバルト・ブルー、ベル・コバルト（グリーン）、セルリアン・ブルー、カドミウム（イエロー）、バイオレット・コバルト（紫）などの色が、つぎつぎに、このようにしてつくられた。

「みんな日本でつくったためしのないものだったが、とにかく絵をかくのに不自由しないまでに、すべての色をつくったよ」

「商売をはじめて一〇年目ごろ」(昭和のはじめ)から、「戦争がはじまったころ」(昭和一〇年代のなかば)にかけてのことだったという。

戦後何年かして、大阪の工業試験所で、コバルトの顔料づくりに成功したとの記事が、三段見出しで『朝日新聞』にでたことがある。橋本さんは、さっそく記者をよんでいってやった。

「コバルトは一〇年も前にオレがつくっているのに、いまごろそれができたと、デカデカと報道したんじゃ、日本はなんて幼稚な国かと、世界中に笑われるじゃないか。民間でやったんでは、ただの一行も書かないのはなぜか。オレだって〝国の誇り〟のためと、やってきているんだぞ」

戦前は新宿に店を持っていた橋本さんは、そのころ、家も地所も、全部担保に入れ、借金ずくめでの研究だった。

「日本という国は、貧乏人のやることは信用しない国なんだな」

それに関連して、こんな話もある。

橋本さんがはじめてコバルトをつくったとき、絵かきを十数人よんで、その絵具を一本ずつ配った。しかしまだ当時としては、月光荘でそれができるはずはないという、疑惑の目もむけられた。買いこんだストック品をちょびちょびだしているのではないか……こんな声に、橋本さんは憤慨していい切った。

「それなら美術連盟をとおしてでも、一度にたくさん注文してみろ。何百ダースでも応じてみせるぞ」

先年亡くなった稲村耕雄・東京工大教授が店にきたのも、ちょうどそのころだった。

「研究のためだ。外には絶対公表しないから、ぜひコバルトを焼くところをみせてくれ」

こうして仕事場にはいった稲村氏は、

「これはすばらしい。ぜひ手伝わしてくれ」

とのことで、かなり長いあいだ、橋本さんの仕事場でいっしょに作業した。

「これもあとで猪熊弦一郎先生から聞いたことだがな、はじめは、どうもあのオヤジのいうことはマユツバだというんで、美術連盟が稲村に頼んで、それでオレのところへよこしたというんだな」

きっかけはともかく、こうして色彩学者との交友も深まった。死ぬ直前まで、ちょくちょく月光荘に〝油を売りにきた〟という稲村氏は、後年、研究成果を論文に書くことを、橋本さんにすすめた。

「オレはいってやった。月光荘は職人だぞ。学者の仲間入りをする気はないってね」

本を越えた先に、橋本さんの仕事はあったのだ。

## 一生かけて、一つの色

せっかく製法が開発されても、日本にはコバルトの原鉱がない。原石のないものをいくら研究しても、日本の役には立たないじゃないか、という批判があった。橋本さんの負けん気は、ここにも発揮された。

「いや、コバルトだって、いつどこからでるかわからん。そのとき製法がわからんでは、ネコに小判じゃないか」

反論はさらに進んで、日本のなかに、コバルトの鉱脈を探しだそうというに至った。専門家の定説として、日本のどこにも、コバルトはないといわれていたのだから、ほんとうに〝狂気のさた〟のようなものだった。

「しかし力を貸してくれる人がいてね、久原房之助に紹介されて、カネの面の応援をしてもらった。ところがやってみるとどうだね。朝鮮でコバルトが発見されたんだよ。コバルトは軍用資材だが、軍も〝お前の好きなだけ使え〟というんで掘りだした。

だが残念なことには、それから一週間もたたずに敗戦で、バンザイになってしまったよ」

波瀾の研究ではあったが、こんな経験を通じて、色粉づくりから、原石そのものの探索へと、さらに橋本さんの絵具づくりは深まっていった。

「志賀赤」と称する、ベネシアン・レッド系の原石を発見したのもその一例である。絵かき仲間の提唱で、月光荘では志賀高原に山荘を建てていた。

あるとき、近くの川のなかに、目のさめるような色彩の泥をみた。冷たい水のなかから、それをすくいだして焼いてみると、果たせるかな、〝ルージュ・プゾールにも負けないきれいな色〟がえられた。だが川底のこの原料は、一〇俵もとれないうちになくなってしまった。さらに探索はつづいた……。

「あるとき川の対岸に、きれいな緑の原石があった。川を渡ってとろうとしたら、オヤジ無理をするなといわれて、人を頼んでとってもらった。しかし色というのは濡れているときはなんでもきれいだが、体温で温めると、もうモノにならないのが多い。そのときもそうだったな」

こんな経験を重ねる橋本さんには、ひととおりの国産化をなしとげたあとの、新色の創造という課題が待ち受けていた。

そして〝月光荘ローズ〟と呼ばれる新色が、誕生する。バイオレット・コバルトの色だが、いままでのものより〝ひとまわりも明るい〟。つまり〝クレール（明るい）、ホンセ（濃い）〟クレールよりさらに明るいローズなのだ。

戦後も昭和二五年のことだった。

世界の色の歴史がはじまってから、基本となる色は二十数色といわれているが、最近では、新色の発見はこれのほかにはないという。〝せめて五色は……〟と思ってきたが、その橋本さんにしても新色の創造は、まだこの一つだけである。原料の石はそれほど特殊なものではない。製法にヒケツがある。

完成までには、三年も四年もかかった。いっしょに研究していた稲村氏も、〝これはモノにならない〟と見切りをつけた。だが義弟の米村吉雄さんとともに、〝もういっぺんだけ〟と、最後の試作にかかった。もう疲れ切っていた。つい後始末を忘れ、火をそのままにして帰った。

ところが、ちょうど忘れ物を取りに米村さんが仕事場に戻ったとき、そのままにしておいた火の温度が、まさしく適合していた。みごとな新色が、だれもいない仕事場で生まれていたのである。

「ほんとに偶然のようにしてできた。だけどやっぱり、それは偶然じゃないんだな」

あれから一〇年以上にもなるが、フランスでもイギリスでも、またアメリカでも、この色は、絵具としてはまだできていない。上野駅構内改札口の上部や、また慶應義塾大学校舎の壁画に、猪熊弦一郎氏が、この新色を使って描いている。

「日本でいい色ができているのに、どうしても輸入品でなければ、というような舶来病患者に、いい絵がかけるはずがない」

こうした橋本さんの鼻息の荒さには、それなりの裏付けがあるといえよう。

「人間の脳味噌なんていうのは、似たりよったりにできているんだよな。だから、少し手のうちがわかれば、すぐ先を越されてしまう。利口なヤツは、追いついたら、すぐ追いこすもんだ。だから何千日となく、ムダな時間をかけてやってきたことを、たとえ一冊三〇〇〇円でも、本に書くバカはいないよ。本がたよりにならないのは、当り前だ。どの本もウソは書いてはないがな、最後のところは必ずモヤモヤしてるな」

長年にわたる体験あってこその、身についた言葉だ。

「原料からしてつくろうと志して、もう四〇年になるがな、一生涯かけて、やっと一つの色が完成できれば、それでいいほうだと思わなきゃならんな」

## 与謝野夫妻との出会い

明治二七年の富山県生まれというから、もう七〇歳をこえる。年齢を聞いたら、「まだハタチだ」といわれた。気持ちは青年、ということらしい。

一八歳で故郷をあとにした。多くの上京青年と同じように、「たいていのことはやった」という。YMCA主事のフィッシャー氏のもとに、書生として働いた。その住み込み先が、ちょうど与謝野鉄幹・晶子夫妻宅の前だったことが、この人と絵画とを結びつける縁となった。

当時、与謝野家には、藤島武二、梅原龍三郎、正宗得三郎（白鳥の弟）、有島生馬（武郎の弟）らの、そうそうたる画人諸先生たちが、しばしば集まっていた。その席に与謝野夫妻が、橋本さんを紹介してくれたのだ。陰ひなたない、若き日の橋本さんの働きぶりが、ことのほか与謝野夫妻に、気に入られていたためだった。

「感激に身をふるわせて、話を聞くだけ」だったが、それによって橋本さんには、芸術という未知の世界が開けてきた。そうこうするうちに、それに画人たちが、絵具や画材に不便をしのんでいることを知った。絵具は〝先生〟がまとめてフランスから買いつけ、それを一本、一本、弟子たちに分けるという状態だった。

「よし一生かけても、この先生たちのお役に立とう」と、橋本さんは決心した。絵具の配達をし、それでなにがしの手数料をもらうことが、そもそもの仕事のはじまりである。そういう橋本さんを、これら画壇の大家たちは、なにかとかわいがってくれた。

与謝野晶子から別のヒントをだされたのは、ちょうどそんな決意を固めたころのこと。

「貧乏絵かきなんか相手にしても、たいした望みはもてない。どうせ商売をやるのなら、もっと見込みのある仕事をやんなさい。」

そういう晶子がすすめたのは、いまでいう婦人下着の商売だった。

「なにしろ五〇年も前のことだからね。女が胸になにかを当てるようになるなんていうことは、ぜんぜん、見当もつかなかったな。だいいち、女が尻にはくもんなんか、男のやるべきことじゃないと思って、これはことわったよ。だけどいまにして思えば、晶子さんという人は、やはり先がみえていたんだな。あのときズロース屋をやっていれば、いまはもう、オレも大したもんだったな」

とにかくこうして橋本さんは、〃ズロース屋〃ではなく、画材屋の道を踏みだした。ハタチを少しすぎたころである。もしもあのとき、与謝野夫妻とのめぐり会いがなかったら、こんにちの月光荘は生まれていなかったにちがいない。

月光荘という名前も、晶子夫人が橋本さんのことを、かつて〃月光の人〃と呼んだことにちなんでいるという。それこそほんとうに、運命の偶然からの出発だった。

大正一二年六月、月光荘はサロンを開設した。深尾須磨子の発案で、中庭のある喫茶店をつくった。白コブシを植えたその中庭には、若い新劇人などが、よく台詞をおぼえるためにやってきた。一杯一〇銭のコーヒーを、七銭分だけくれなどという、貧乏な劇団員もいた。そのなかには、いまはテレビや舞台で活躍中の、有名スターもいるという。

だがそのサロンも、秋の関東大震災で壊れてしまった。

昭和一三年、月光荘ギャラリーを開設。岡田三郎助氏を審査委員長に、若手画家のコンクールを開いたり、奨学金をだしたりした。またこの間、当時としては画期的なカラー写真表紙の『月光荘便り』や、映画と油絵の二つの意味をひっかけた『洋画新報』など、雑誌の発行もつづけてきた。このころの橋本さんは、大の映画ファンでもあった。

戦後は故郷の富山県宇奈月で、月光荘の再建をはかったが、火災にあって挫折。銀座の数寄屋橋近くに橋頭堡《きょうとうほ》をもったのは、昭和二三年のことだ。

「やるなら銀座がいい」こういってすすめた猪熊弦一郎氏は、「オヤジ、焼けてよかったな」と冗談まじりに、橋本さんを元気づけたという。

いまの月光荘は、都心学校として知られる泰明小学校前から、少し横丁にはいったところにある。大きくはないが、地下一階、地上五階のビルづくりだ。地下は絵かき専用の、アトリエにもなるクラブ、一階は画材の店舗。中二階があってこれが喫茶室、二〜三階がギャラリーで、四階が会員制のコンサートとクロッキーのクラブ、そして五階が事務所といった工合。

ビルのなかでは、ヤマバトやヒバリやウグイスが鳴き、まわりには万葉にうたわれた蔓草やツタがはっている。喫茶室のイスには、ファンたちのつくった手製の座布団が置かれている。この建物のなかには、自然の味わいと、こまごまとした人間の気づかいとが、ところせましとこめられている。

「三年たったら銀座一、一〇年たったら世界一の、楽しい店にしてみせる」

一男一女をすでに成人させた橋本さんは、いまもその楽しい店づくりの夢を追っている。

## 〝月光荘〟商法

新宿・中村屋の主人が、かつてこんなことをいったという。

「自分でも商売下手と思っているオレのところへ、商売の相談にきたバカ者が二人いる。一人は岩波茂雄で、もう一人は月光荘だ」

その月光荘には、いくつかの商売上の原則があるが、その精神のもとになったのは、明治の蓄財王といわれた安田善次郎の教えである。橋本さんは、安田とも近所に暮らしたことがある。同郷出身の親しさもあった。安田はこう教えたという。

「カネもうけを考えても、お前にできるはずがない。それよりも、お前のできる範囲でムダをするな。それともう一つ。商人とはお客を喜ばせて、もうけるものだ」

それを受けて橋本さんはいう。

「長いことわからなかったが、じっさいにやっているうちに、ほんとうにそうだと思うようになったよ」

そこで月光荘商法とはなにか。

配達はしない。貸売りはしない——ほんとに欲しいものなら、客は現金をもって買いにくるはず。品物の包装もしない——包みたければ、客がフロシキでもなんでも自分でもってくればいい。つぎに至っては、さらに徹底している。おつりは、客が金庫のなかから、勝手にもっていけばいい——そんなことに人手を使うのは、もともとムダなことだ。

こう書くと、いかにもサービス不在のようだが、それはつぎのような信念にもとづくのである。

「月光荘では、世界一の製品でなくては売らない。さらには、世界一安い品物でなくては売らない。それだけの自信をもってやれば、商店がいばって商売して悪いことはない。だからうちでは、ただの一つも広告をしない。広告をしなければ、商品の値打ちが知られないようじゃ、こうやってオヤジが、わざわざ東京にでてくる必要はない。要するに、餓鬼道の店にしてはいけないと思っているんだ」

だからもちろん、特価、特売というのもやらない。また支店もつくらない。支店をつくれば、必ず自分の目の届かないところがでてくるからとのことだ。

「イサム・ノグチがきて、オヤジこんな値段で売っていると、いつまでもアメリカへくる旅費ができないじゃないか、といってたがね。人生はそれでいいんだな」

こんな精神だから、戦時中に代用品をつくれといわれたときも、また公定価格制にするといわれたときも、ひとり橋本さんは、反対してきた。同業者に笑われもした。戦後、外国の商社マンがやってきて、大量買付けの話もあったが、みんなことわってきた。

「世間では、アフターサービスがどうのこうのというがね。オレは保証期間をはっきりしろ、というんだ。オレんとこの品物は、みんなガランティ二〇年だ。パテントをもつほどのものでないと、こういう自信はもてないが、その点外人はちがう。これはパテントものだというと、態度ががらりとかわるな」

いま橋本さんは、三五の有効パテントをもっている。絵具についてではない。たとえば画架に画箱を取り付けるよう考案して、画架が風に倒れるのを防ぎ、同時に、絵具を取り出すのに、いちいち腰をかがめなくてもいいようにした。

スケッチブックに背表紙をつけ、色分けして分類しやすくした。薄いブルーはフィルムに感光しないことに目をつけ、ブルーの点線のはいった原稿用紙のようなスケッチブックをつくったりもした。

これら月光荘の製品の品質は、いまでは広く海外にも知られてきている。ショッピング・タイムを利用してちょいちょい訪れるあるアメリカ人スチュワーデスは、もう顔なじみだ。いろいろと画材の入手を頼まれてくるらしい。パリ在住の平賀亀祐氏は、藤田嗣治と並ぶ国際的画人とのことだが、この

人ことしの年賀状には、パリにもドイツ経由で、月光荘絵具がでまわってい
ると書かれている。

留学時代、左ぎっちょのパレットを買って帰ったという息子に頼まれて、
あるオーストラリアの領事官がたずねてきた。残ったカネのあるだけ画材を
買って帰っていった。この父子からは、一ヵ月間、泊めるから遊びにこいと
さそわれている。

あるときは、インドの奥のシッキムの王侯がやってきた。「あった、あった」
といいながら、店にはいってきた。イギリス人の絵かきから、月光荘の名を
聞いてきたとのこと。

「こんな自信のある商人ははじめて」と感心したその王侯は、何年かたって、
「息子の結婚式にこい。オレの絵もみてほしい」と招待状をよこしたという。
「人間というものは、そういうものなんだなあ」――まごころは通じあうも
のなのだ、ということだろう。

そのほか、スターリンからケネディに至るまで、月光荘の絵具や画材と関

連して、橋本さんの口からでる人物の幅は、限りなく広い。エピソードをあげていったらキリがないほどだ。

「人間のえらさは、カネを貯めた分量で、はかれるもんじゃない。人を喜ばせた分量で決められるもんだよな」

豊かな思い出の数々は、こんな人生観を貫いてきた所産といえよう。

「お前、取材だなんて面倒な用事でこないで、こんどはぶらっと、お茶でものみにこいよ」

乱暴な言葉遣いに、かえって親しみがこもるのも、この人独特の生き方がにじみでているからだろう。

大野 力

♥大野 力〔おおのつとむ〕
1928〜2001年 東京生まれ。元・思想の科学社社長。桐生で中学校の数学教師、織物関係の業界紙記者を経て、海外技術者研修協会講師、ルポライターなど多岐にわたり活躍。著書に『管理と運動』『再発見・アジアを知る法』などがある。

# 家族から見た月光荘おじさん

月光荘おじさんは
家族をとても大切にしました。
そしてひたむきに仕事をする背中を
家族に見せ続けてきました。
最後に、家族から見た
月光荘おじさんについて、語ります。

## 父から義父への手紙

月光荘おじさんの娘である私は、おじさんのちょうど50歳の時の子。私の記憶に残っている一番最初から、見事な白髪のおじいさんでした。

父が若かった頃はと言いたいところですが、そんな時期はない訳で、それでも幼少の記憶の中の父は頑固一徹、気むずかしく、相手かまわずよく怒っていました。お客様に対してもぞんざいな事を言われると、「もう来んでいい！」とけんか腰でした。

ところが少し時間が経ってから同じ客と今度は仲良く話し込んでいる姿なんかを見ると、本気でつきあうと本物の関係になるものなのかなぁと、子どもも心に不思議に思ったのを覚えています。そんな明治男が書いた一通のハガキ。いま思い出しても胸がうずいて動きだしそう。もう半世紀近く前のお話です。

私の主人の実家は鎌倉で、義父は通産省の役人から独立して立派な会社をつくり、東京まではグリーン車、駅から外車で運転手が送り迎えするという生活の方だったので、私の父とは世界が違いました。

父が店で、お客さんに娘の結婚のことを話したのでしょう。

「オヤジさんとは、全然違う所に行っちゃうんだねぇ」って、おムコさんの堅い職業と相まって、よく言われていたといいます。

結婚といえば大なり小なりごたごたし、もめる部分があると思いますが、うちもご多分に漏れずいろいろあって限界だった私は、自分の家族の心情にまでとても思いを馳せることができませんでした。

まぁなんとか式が済んで、鎌倉の家に挨拶に行ったときのこと。義父が苦虫を噛みつぶしたような顔をして「こんなものがきてるよ」って差し出してきたハガキ。差出人を見るまでもなく、その躍るような字で、すぐに分かりました。けっこういろんな方面から父の字は味があるといわれていて、いまでも月光荘おじさんからもらった手紙を宝物だと思っていると、わざわざ見せに来てくださるお客さまもいらっしゃいます。

父の字が絵のようでした。

私の庭から、真っ赤なバラが消えた。
鎌倉の庭に移されたバラは、
元気に咲いてゐましか。
長い長い間、大切に育てましたよ。
そちらで、もっと大きくなりましょ。
私の庭から、真っ赤なバラがなくなった。

義父の手前、そんなに何回も読み返せませんでしたが、大きなものが伝わってきました。

あんなにお酒が好きな父なのに、式の最中、ちっともアルコールがまわっていない顔でした。50歳で生まれた娘が嫁に行く。その真情がまっすぐあふれ出したハガキ。

でも、それをひとつのユーモアとして笑って流さない役人出身の義父には失礼なことだったのだろうと、いまになって申し訳なく思います。

ふたりとも、逝ってもう長くなります。

## 祖父としての月光荘おじさん

背中で語る。それを地でいった祖父でした。なにか説教じみたことや名言の類いを言うわけではなく、毎日の何気ない一言や所作に積み重ねてきた人生がそのまま表れる、明治の男の姿そのものでした。

6才の1年間を、祖父と祖母の3人で暮らした僕にとって、月光荘おじさんは人生でもっとも影響を受けた人間の一人です。余計なおしゃべりをせず、黙々と自分のやるべきことに向き合い、毎日少しでも成長していくことを考え続ける姿勢に、確かに僕は大きな影響を受けましたが、とてもその生き方まで真似することはできず、お線香を上げては己の未熟さに恥じ入る毎日です。

そんなどこまでも実直だった祖父の最晩年に起きた事件。祖父のことが本になるというお話を頂いた時に、それなら避けて通るわけにはいかないと最初から覚悟をしていた出来事があります。それは「月光荘事件」のこと。

1970年代中頃、老舗・月光荘の名前を使えばもっと大きなビジネスができるはずだと考えた外部の人間が会社に入り込み、画廊ビジネスや不動産業などを大きく展開。

経営も代替わりし、一時期は老舗の看板も手伝って政財界を巻き込んだ大変な盛り上がりを見せましたが、そもそも絵画の世界は急激な成長を狙えるような分野ではなく、派手な動きの反動で10年も経たずして窮地に立たされます。そして80年代後半、イタリア政府を巻き込んだ国際的なスキャンダルとなる絵画の詐欺事件を起こし、バブル崩壊も重なって莫大な負債をかかえ倒産。

その一連の動きに遅まきながら気付いた母と祖父が、画材部門は事件とまった関わりが無かったことを訴える裁判を起こし、それが認められて会社を分離。母がその画材部門を引き継いで、今日に至るというものです。

95才を過ぎた祖父のあずかり知らぬところで起きた事件とはいえ、他人が会社の名前を使うことを認めた上で、行く末を監督しきれなかった責任、またその結果世間を騒がせ、各方面に大きなご迷惑をおかけした責任は、法的にはともかく創業者として免れることはできません。

会社を受け継いだ孫の立場で非常に難しい物言いではありますが、経営者としては脇が甘かったと言わざるを得ません。

ただ、その状況を誰よりも理解し、誰よりも深く傷ついていたのも、また間違いなく祖父でした。人生のすべてをかけて築いてきた信頼や歴史が、目の前で音を立てて崩れていく。そこに自分の身内も関係していた事実。明治生まれの職人である老人がその時どんな想いでいたのか、その胸の内に思いを馳せると、今また涙が出てきます。

少しずつ土地を買って建てたビルも自宅も失い、母と祖父は銀座中を探し回ってやっと一つ空き部屋を見つけました。エレベーターもない、階段だけで上がる雑居ビル4階の一番奥、日の入らない暗くて狭い一室でした。事件を起こした会社にそう易々と場所を貸してくれるところもなかったのです。最初は商品を置く棚も用意できずに、部屋の床に直に絵の具を並べて売っていました。中学生になっていた僕も店番としてお店に立っていましたから、今でもその光景を忘れることはできません。月光荘画材店の再スタートは本当に惨めなものでした。

すっかり小さくなった祖父の背中を母が押しながら二人でゆっくりと階段を上っている時に、未来に対する不安のあまり思わず母が口にしたことがあるといいます。

「こんな場所で本当にやっていけるかな」

その時祖父は一言、

「大丈夫。お店は場所が作るんじゃない。人が作っていくものだから」
そう振り向きもせず答え、また階段を上がっていったといいます。ゼロから何かを作ってきた人だけが持つ、揺るぎのない信念がそこにありました。そして本当にたくさんの方に支えられて、月光荘は僕にまでバトンが回ってきました。

当時のことを思い返すとき、月光荘に起きた不名誉なことを祖父が知らずに死ぬことができたらどんなに良かっただろうと思うこともありました。心を通わせ、人生の苦楽を分かち合ってきた仲間もすべて鬼籍に入り、相談する相手が誰一人いない中で向き合わなくてはならない状況は、祖父にとってあまりにも残酷なことだったと。

でもこの本を出版するにあたり過去の資料や情報をまとめながら、それは祖父に対する僕のエゴであり、むしろ不遜な思いだったのかも知れないと思い始めています。

「平和なとき、波風のないとき、人の本心は中々見えません。非常時になって初めて分かる。人の親切も真心も。人間に国境はありません。人の足元を見るような商売だけはしたくないのです」

祖父は自分の言葉通り、本当に苦しいときの生き様を、何を語るでもなくその背中で見せてくれました。毎日を今日より少し前に進めることに集中する、命の姿勢を見せてくれました。それは他の何にも代えがたい月光荘の財産として、今も僕らの胸に生き続けています。

逆風の時にこそ人は試される。人生をかけた無言の教えを胸に、今日もまた月光荘はお客さまをお迎えします。祖父と同じようにはとてもできないけれど、向こうで祖父と再会した時に、僕なりの生き方を全うして笑顔で手を振れますように。

そしてこの場をかりて一言。もっとも苦しかった時期に二代目としてお店を引き継ぎ、30年に渡って看板を守り抜いてくれた母に、心からの感謝と尊敬の気持ちを伝えたいです。本当にありがとうございました。受け取った大切なバトンを落っことすことなく、なんとか次の代へ無事に渡せるようがんばります。どうぞ長生きしてくださいね。

**月**は**満**ち**欠**けを**繰**り**返**し、いったんは**消滅**したように**見**えても、**再**び**出現**して**復活**する。**永遠**に**若**さを**失**わない**象徴**である。（ギリシャ神話より）

## 祈りの力……あとがきに代えて

30数年前、エレベーターもない雑居ビルの一室で一人お店に立っていた頃。よもや月光荘が１００周年を迎え、その記念に実父である月光荘おじさんについての本が出版されることになり、「あとがき」に挨拶文を書く日が来ようとはまったく想像もできませんでした。

何しろ会社が大きな事件に見舞われた直後に運営を引き継いだ私は、当時は子ども３人を抱え子育てに奮闘する一人の主婦。もちろん経営の経験などなく、商品を並べる棚もなく、床の上に絵の具を並べて売っていたのですから。一日一日が無我夢中で、未来なんて頭の片隅にもなかったのです。

私が父について今になって一番強く感じていること。それは父の念じる力です。少しも先の読めなかった私と月光荘の30年間を、とにかくひたすらに前を向いて歩ませ続けてくれたのは、父の強い念力、まっすぐな祈りの力です。

95歳を過ぎた明治生まれの老人の、最晩年に起きた不本意な事件を打開するにあたって、父は誰かへの恨みをこぼしたり、未来に絶望したり、「月光荘を守ってくれ」というような言葉を、当時一言も口にすることはありませんでした。ただただ無言で娘にすべてを委ねたのでした。

不思議なことですが私は、その胸中をどんな言葉で説明されるよりはっきりと読み取っていました。月光荘の神髄そのものが、いかなる経営理念や社訓で示されるよりも、私の血の中にそっくり流し込まれていたということなのでしょう。

父が逝って30年。

叶うはずはないけれど、きっと父はこのあとがきでさえも、自分自身で書きたかっただろうと想うのです。月光荘といったらやはりあの強烈な個性、圧倒的な存在感の「月光荘おじさん」なのです。月光荘に関することは、どんなに些細なことでも人任せにせず、すべて一から自分の哲学を注ぎ込んで作り上げた人でした。

固定観念や先入観に一切とらわれないユニークな考え方から生まれたオリジナルの画材たち。そして画材の枠組みを悠々と飛び越え、便せん封筒、ユーモアカード、持ち手に四本指が入ってしっかり掴めるコーヒーカップやワイングラス、金ボタン、白木のテーブルと長い背もたれの椅子がセットの家具まで。

気に入った革製のサンダルができあがってきた時は、自らショーウィンドウに並べて一日ご満悦の様子でした。

その独特の美意識から展開していったのは、美を中心に据えたライフスタイルそのもの。人としての美しい生き方を問い続けた人生でした。

筆まめだった父は、親しい仲間との文通を何よりの楽しみにしていました。晩年のハガキのやり取りの中で分かったのが、父の最後の夢は、アーティスト村を作って自給自足の本物の豊かな暮らしを実現すること。自分の足で候補地の下見にまで出かけ、これと思った仲間にはそのビジョンを話して聞かせていたといいます。

月光荘を100年続けてこられたのは、ひとえに永年に亘り支えてくださった皆さまのおかげです。この小さな画材店が今でも存続していることに、小さな驚きと、心からの深い感謝の気持ちを申し上げます。

そして月光荘は今後とも、底流にある美のある暮らしの提案一筋にいそしみ、皆さまに寄り添い、共に歩んで参りたく、末永くお力添えをお願い申し上げます。

月光荘画材店　二代目　日比ななせ

■1894（明治27）年6月10日
富山県中新川郡上市町にて、橋本兵蔵が生まれる。

北アルプスの雪どけ水が日本海にそそぐ、自然豊かな街で育つ。

空にかかる虹を見ることが大好き。「俺、あの虹の橋を渡ってみたいんだ！」と学校の先生の制止を振り切って駆けだすほど、自然の美しさに惹きつけられていた。

■1912（大正元）年
橋本兵蔵18歳。富山から一人、列車に飛び乗って上京。
郵便配達夫などの仕事を転々としながら、
YMCAの主事であったフィッシャー氏の九段の家に、
書生として住み込みで働き始める。
その時の向かいの家が、歌人・与謝野鉄幹、晶子夫妻の家だった。
「君には色に対しての憧れがあるし、いい感覚と感性があるから、ひとつ色彩に関係する仕事をしてみてはどうだろう」と、与謝野家に集まる人々からアドバイスを受ける。やがて外国から絵の具の輸入をはじめ、雨風のひどい日でも郵便配達夫のように画材を自転車で届けて回り、資金を貯める。

## 1917（大正6）年

### ■東京都新宿区角筈《つのはず》（現在の西新宿、歌舞伎町周辺）に月光荘を創業。兵蔵23歳。最初に与謝野家のドアベルを鳴らしてから、2年後のこと。

与謝野晶子氏から、「大空の　月の中より君来しや　ひるも光りぬ　夜も光りぬ」と歌を贈られ、「月光荘」の名前をいただく。

店は新宿大通りの十字路に位置し、百坪の面積で中庭もあった。建築設計は藤田嗣治の監修によるもの。外庭にはマグノリヤを植え、中庭は栗林のように仕立てた。

パリの街角をそのまま移したような斬新なつくりで、映画のロケ地としても使われた。

開店当初はまだ自社製の絵の具は完成しておらず、国内で唯一取り扱っていたフランス製のL.C.H（エルセイアッシュ）PARISのほか、フロレンス油絵具を扱っていた。

若き日の中川一政、小磯良平、猪熊弦一郎、中西利雄、脇田和各氏なども通ってきていた。

兵蔵は、店を持ちながらも画材配達を続け、画家がアトリエでどのように画材を使っているのかを見せてもらいながら、研究を重ねて改良を加えていった。

## 1924（大正13）年

### ■月光荘ギャラリーを開設。岡田三郎助氏を審査委員長に、若手画家のコンクールを開いたり、奨学金を出したりした。

当時としては画期的な、カラー写真を表紙にした「月光荘便り」や、映画と油絵の二つの意味をかけた「洋画新報」、「近代風景」など雑誌の発行も始める。

■1939（昭和14）年

深尾須磨子氏の発案で、サロンを開設。中庭に一杯十銭のコーヒーを出す喫茶店を作り、若い新劇人などが、よく台詞を覚えるためにやってきていた。

■1940（昭和15）年秋

疎開先の富山県宇奈月の自家炉にて、コバルト・ブルーの製法を発見。顔料から作られた、全成分オリジナルの純国産第一号の絵の具となる。

疎開当時、宇奈月に建てられた洋館の一階には、東京から運んだグランドピアノが置いてあった。近所の小学生たちは音楽の授業になると、そのピアノを月光荘まで弾きにきていたとのこと。2017年10月、宇奈月と月光荘の交流を記念して、当時そのままのグランドピアノを宇奈月にあるセレネ美術館に寄贈。モノだけでなく人の交流を大切にしていこうという黒部市の考えのもと、年一回の富山と東京の音楽家のセッション・イベントを企画している。

■1945（昭和20）年

敗戦。大空襲にて新宿の月光荘はすべてが灰燼に帰し、故郷の宇奈月温泉の山に作った画家のための理想郷も戦後の大火で焼失。兵蔵51歳、裸一貫となる。

1946（昭和21）年

■長女ななせ誕生。ななせの命名は、与謝野晶子氏によるもの。

1948（昭和23）年

■銀座・泰明小学校前に月光荘を再開。3坪に満たない小さなお店として、再出発した。銀座を選んだのは、猪熊弦一郎氏のすすめによるもの。

■同年、S.O.S.（ペースト状速乾剤）を発明。

1952（昭和27）年

■チタン油絵の具世界第一号「チタン・ホワイト」の製造に成功。

1960（昭和35）年

■「月光荘ピンク」と呼ばれる、「コバルト・バイオレット・ピンク」を発明。明るい紫、気品高き蘭、夕映えに照り輝く不滅の茜色。画家たちへの最高の贈り物となった。

1971（昭和46）年

■コバルト・バイオレット・ピンクが世界油絵具コンクールにて一位受賞。

「フランス以外の国で生まれた奇跡」とルモンド紙で賞賛される。

■1975（昭和50）年8月2日

兵蔵の孫、日比康造誕生。また同年、月光荘は世界で初めて、本物の標準色絵の具を画布に塗った、標準色票を完成させた。

■1982（昭和57）年3月

兵蔵と妻の喜代、孫の康造の3人が、東京・二子玉川にて一つ屋根の下に暮らす。

他の日比家は、仕事の都合でニューヨークに暮らしていた。

「あんまり言うこと聞かないと、ニューヨークに電話しますよ」と喜代から言われるのが、康造の一番の恐怖だった。

康造にとって祖父・兵蔵から強い影響を受ける1年間となる。

■1989（平成元）年

泰明小学校前から銀座8丁目の、金春通りに店舗移転。

日比なせが、月光荘画材店の代表取締役社長になる。

■1990（平成2）年6月23日

月光荘創業者・橋本兵蔵逝去。

■1992（平成4）年
数寄屋通り沿いへ店舗を移転。

■2006（平成18）年11月
現在の銀座八丁目、花椿通り沿いへ店舗を移転。康造が月光荘を手伝い始める。

■2008（平成20）年
月光荘スケッチブックのウス点が、グッドデザイン・ロングライフデザイン賞を受賞。

1センチ四方の淡いブルーの点が打ってある「ウス点」は、「画や文字を描くとき、方眼用紙だと見辛くてしょうがない。白紙だと手がかりがつかめない。1センチ四方の点がはっきりわかって見やすいものを。コピーしたとき目印が魔法のように消えたらなお良い」という松下電器創業者の松下幸之助氏のご依頼に応じた製品。

■2013（平成25）年2月25日
月光荘画材店オンライン・ショップをオープン。
銀座まで足を運べない人でも、月光荘の商品を手に入れることができるようになる。

■２０１３（平成25）年12月20日
■銀座八丁目に、月光荘サロン『月のはなれ』オープン。
毎晩20時からスタートする生演奏や、２週間ごとに更新される現代作家の壁面展示、また東京では珍しいクレオール料理の専門店としても話題を呼んでいる。画材に興味のない人でも、アートに気軽に触れることのできる空間を目指す。

■２０１４（平成26）年
■月光荘アルミ製水彩パレットが、グッドデザイン・ロングライフデザイン賞を受賞。
１９４５年、パリ色彩学会が色彩を最も正確に判断するために猫柳色（シルバーグレー）のパレットの上で色検査を実施したことを受け、月光荘パレットはアルミ製となった。

■２０１４（平成26）年
■額装サービスをスタート。描いた作品をその場で額装できて、すぐに飾れる体制を整える。

■２０１７（平成29）年
■日比なせが代表取締役会長、日比康造が代表取締役社長に就任。

■２０１７（平成29）年10月
「世界で一番美味しそうな画材店」をテーマに、月光荘画材店の店舗を全面リニューアル。

色とりどりの画材をワクワク選べるお店を目指し、ヨーロッパのデリカテッセンを参考にした。

■２０１７（平成29）年11月
創業当時から包装紙の用意がなかったが、プレゼントの時だけはちゃんとした包装をお願いしたいという多くのお客さまの声を受け、月光荘では初めての包装紙を課金式にて用意。

デザインは、月のはなれのロゴやメニュー、ＨＰなどを手掛けたサトウマサヒコ氏によるもの。


次の百年も、どうぞごひいきに。

友よ、星の数ほどしあわせを

「祝コバルト誕生」

月光荘によるコバルト・ブルーの製造成功を喜んだ画家達から、その悲願達成のお祝いとして贈られた寄せ書きボード。昭和17年3月制作。猪熊弦一郎、中川一政、石川慈彦、堀田清治、中西利雄など10数名の名前が確認できる。

# 人生で大切なことは
# 月光荘おじさん
# から学んだ

2017年12月13日　第1刷発行
2021年2月15日　第2刷発行

著　月光荘画材店
三代目　日比康造、二代目　日比なせ

寄稿　水野スウ、立原えりか、水森亜土
デザイン　芝 晶子（文京図案室）
写真撮影　鈴木静華
編集協力　湯川貴子
編集　松本貴子（産業編集センター）

発行　株式会社産業編集センター
〒112-0011
東京都文京区千石4丁目39番17
電話　03-5395-6133
ファックス　03-5395-5320

印刷・製本　株式会社歩プロセス


ISBN978-4-86311-172-1　C0095